MW01008278

# Short Stories in European Portuguese

The stories in this book are **intermediate** level.

This means they are around **B1** or **B2** in the Common European Framework of Reference for Languages (CEFR).

The language used gets **progressively** more advanced, ranging from high A2 in the first couple of stories to low C1 in the last.

These are **approximations** only! I believe these stories can be enjoyed by upper beginner to advanced students.

Unlike other collections of short stories for students, I think these stories are **fun**! There are fantasy stories about fishermen who fall in love mermaids, adventure tales from the deep jungles and the age of pirates, traditional fairy tales (but with a twist), Arabian Nights, modern drama, ghosts, more than a splash of horror, and even a completely new Greek myth.

I hope you enjoy reading my stories,

David Young

# How to use this book

1    Read through each story fairly quickly to obtain a general understanding of the plot. Don't worry about any vocabulary or constructions you don't understand – just try to get the gist of the story.

2    Go through the vocabulary list provided after each story, highlighting the vocabulary items you don't know.

3    Read the story again, focusing on understanding more details. Look up any vocabulary or constructions you are still struggling with.

4    Answer the questions provided after each story, then check your answers. All the answers are given at the end of this book.

5    If you enjoyed the story, read it once more for pleasure. This time, you won't need to focus on vocabulary and grammar, and you can concentrate on enjoying the narrative.

Three of the stories in this book, *A Rainha Branca,*
*A Feiticeira,* and *Tal e qual como nos filmes,*
can be downloaded for free as audio files.

To download these files, please visit:

tinyurl.com/48pn8vy3

If you have any issues, please contact me at:
**david.young@email.com**

# Contents

# A Dragão-Fêmea Solitária

Há muito tempo, num reino distante, vivia uma dragão-fêmea. A dragão-fêmea habitava uma caverna no topo das montanhas e era muito solitária. Ela nunca tinha tido um amigo e a única companhia de que dispunha eram os morcegos e os ratos que viviam na gruta com ela. A dragão-fêmea sentia-se triste porque todos os habitantes do reino tinham medo de dragões e ela não tinha ninguém com quem brincar.

Um dia, enquanto voava perto do castelo do rei, a dragão-fêmea viu uma princesa a brincar com uma bola. A princesa parecia tão feliz e despreocupada e a dragão-fêmea ansiava por brincar com ela também. A dragão-fêmea achou que a princesa seria uma amiga simpática para brincar e, por isso, sem hesitar, voou em direção ao solo e raptou a princesa. Mas a princesa gritou e deixou cair a sua bola no voo com a dragão-fêmea.

A bola foi encontrada por um bravo cavaleiro, que havia sido nomeado pelo rei para proteger a princesa enquanto ela brincava. Contudo, ele achava que a princesa era apenas uma menina tonta e não encarava os seus deveres com seriedade. Mesmo assim, partiu para a salvar, determinado a resgatá-la da dragão-fêmea. Ele viajou a cavalo pelas montanhas, à procura da caverna da dragão-fêmea.

Enquanto isso, na caverna da dragão-fêmea, a princesa estava aterrorizada e não entendia porque é que a dragão-fêmea a tinha levado. A dragão-fêmea estava chateada porque não queria assustar ninguém, só queria uma amiga. Mas a princesa rapidamente percebeu que a dragão-fêmea era diferente de todos os outros dragões de que tinha ouvido falar. A dragão-fêmea era gentil e meiga, e só queria alguém com quem brincar.

Nos dias seguintes, a princesa e a dragão-fêmea tornaram-se as melhores amigas. Voaram pelo céu, por cima de exuberantes florestas e lagos resplandecentes. A dragão-fêmea mostrou à princesa as grutas secretas e as cascatas ocultas, e até a levou a nadar nos rios subterrâneos. Exploraram as profundezas sombrias das cavernas e encontraram pedras preciosas e ouro cintilante. Mas, acima de tudo divertiram-se a exalar fogo no céu, provocando belas explosões de chamas coloridas que mais pareciam fogo-de-artifício. Os habitantes do reino pensaram que era magia e ficaram surpreendidos com o espetáculo. A princesa e a dragão-fêmea até defenderam o reino contra os piratas, usando o bafo de fogo da dragão-fêmea para os afugentar.

O cavaleiro acabou finalmente por encontrar a caverna da dragão-fêmea. Ele preparava-se para atacar a dragão-fêmea, mas a princesa impediu-o. Contou-lhe como ela e a dragão-fêmea se tinham tornado amigas e como se tinham divertido juntas. O cavaleiro ficou surpreendido e não sabia o que pensar. Sempre lhe tinha sido dito que os dragões eram perigosos.

A princesa explicou-lhe como a dragão-fêmea era gentil e meiga, e que o único desejo dela era ter uma amiga com quem brincar. Ela mostrou-lhe como haviam protegido o reino e derrotado piratas. O cavaleiro percebeu que ele tinha estado equivocado sobre a princesa e que afinal ela era corajosa e capaz. Ele também percebeu que tinha julgado erradamente a dragão-fêmea e que até os dragões por vezes precisavam de amigos.

A princesa, a dragão-fêmea e o cavaleiro voaram até ao castelo do pai dela. O rei ficou surpreendido e alegre por ver regressar a sua filha. Ali, todos viveram felizes em conjunto. A princesa e o cavaleiro acabaram por casar e a dragão-fêmea conheceu muitos amigos novos com quem brincar. Toda a gente no reino adorava ver a dragão-fêmea cuspir fogo, pois parecia fogo-de-artifício no céu. A dragão-fêmea já não estava sozinha e o reino ficou protegido pela sua força e fogo.

# Vocabulary

| | |
|---|---|
| a dragão-fêmea | dragon, she-dragon |
| solitária | lonely |
| habitava uma caverna | lived in a cave |
| os morcegos | bats |
| tinham medo de | were afraid of |
| voava | flew |
| ansiava por brincar | yearned to play |
| raptou a princesa | abducted the princess |
| proteger | to protect |
| contudo | however |
| os deveres | duties |
| enquanto isso | meanwhile |
| chateada | upset |
| meiga | gentle |
| o céu | sky |
| as grutas secretas | secret caves |
| as cascatas ocultas | hidden waterfalls |
| as chamas | flames |
| o fogo-de-artifício | firework |
| o bafo | breath |
| afinal | finally |
| corajosa | brave |
| capaz | capable |
| julgado erradamente | misjudged |
| o fogo | fire |

# Exercises

In one sentence, explain what the story is about:

_____

## Choose the best summary of the story:

A    The story is about a lonely dragon who lives in a cave in the mountains. She kidnaps a princess in an attempt to make a friend, and the two eventually become friends and have fun together. The knight learns that the dragon is not dangerous and all three of them fly back to the king's castle, where they all live happily ever after.

B    The story is about a dragon who is sad and lonely, but finds a friend in a princess. They fly around the kingdom and have adventures together. A brave knight rescues the princess. The dragon flies away and is never seen again.

C    The story is about a dragon who is sad and lonely and so kidnaps a princess. Before the dragon can eat the princess, a brave knight appears and kills the dragon. The knight returns the princess to her father's castle and the two marry and live happily ever after.

Now answer the following questions:

1     Why was the dragon in the story sad?

_____

2     How did the knight feel about the princess before he set out to rescue her?

_____

3     How did the princess feel about the dragon when she was first kidnapped?

_____

4     How did the princess and the dragon become friends?

_____

5     What did the people in the kingdom think of the dragon's fire breath?

_____

6     What did the knight learn at the end of the story?

_____

Fill in the blanks:

A      Ela nunca tinha tido um amigo e a única companhia de que dispunha eram os _____ e os _____.

B      A bola foi encontrada por um bravo _____, que havia sido nomeado pelo rei para proteger a princesa enquanto ela brincava.

C      Mas a princesa rapidamente percebeu que a dragão-fêmea era diferente de todos os outros dragões de que tinha _____ falar.

D      Os habitantes do reino pensaram que era _____ e ficaram surpreendidos com o espetáculo.

E      Ele também percebeu que tinha julgado erradamente a dragão-fêmea e que até os dragões por vezes precisavam de _____.

F      Toda a gente no reino adorava ver a dragão-fêmea cuspir fogo, pois parecia _____ no céu.


Have you ever been lonely and in need of a friend?
Write your answer in Portuguese:

_____
_____
_____
_____

# Não alimentem o troll!

Num passado muito distante, uma família de três pessoas – mãe, pai e a sua filhota – vivia numa pequena e aconchegante cabana na orla da aldeia. Um dia, começaram a reparar em coisas estranhas que aconteciam na sua casa.

A mãe foi a primeira a aperceber-se. "Por que motivo todas as chávenas e pratos no armário estão no sítio errado?", perguntou ela ao marido. "Eu não mexi neles", respondeu ele, "talvez seja a tua imaginação". Mas ela sabia que não.

No dia seguinte, o pai acordou e viu que todas as suas ferramentas haviam desaparecido do barracão. "Sei que as guardei aqui ontem à noite", disse ele, "Alguém deve tê-las levado". Mas não havia sinais de arrombamento.

Por último, a menina chegou um dia a casa depois da escola e viu que todos os seus brinquedos estavam espalhados pela sala de estar. "Quem fez isto?", perguntou ela, mas ninguém tinha resposta.

A família sentia-se perplexa. Não faziam ideia do que estava a provocar aquelas estranhas situações. Decidiram pedir ajuda ao mago local.

"Parece que vocês têm um troll em vossa casa", disse o feiticeiro, "É ele quem está a provocar todos estes problemas".

"Um troll? Mas como é que nos livramos dele?", perguntou a mãe.

"Não alimentem o troll", respondeu o feiticeiro, "Não lhe deem a atenção que ele deseja. Ignorem as suas palhaçadas e ele acabará por ficar mais fraco e desaparecer".

A família seguiu os conselhos do mago e decidiu não prestar atenção às artimanhas do troll. Recusaram sentir-se incomodados com os copos e pratos desaparecidos, com as ferramentas em falta e com os brinquedos espalhados.

No início, o troll continuou a provocar problemas. Passou a deixar pegadas sujas no chão, a fazer barulhos estranhos a meio da noite, e a esconder os sapatos de todas as famílias nos arbustos, ao fundo do jardim. Mas a família ignorou-o e, por fim, as brincadeiras do troll tornaram-se cada vez menos frequentes.

Um dia, a família acordou e viu que o troll tinha desaparecido. Ficaram aliviados e agradecidos ao mago pela sua ajuda. Ficaram tão gratos que até lhe deram um saco de moedas de ouro. Descobriram que, por vezes, a melhor maneira de lidar com um problema é simplesmente não o alimentar e acabará por desaparecer.

No final dessa noite, o mago e o troll riram-se enquanto contavam alegremente o ouro.

# Vocabulary

| | |
|---|---|
| a filhota | daughter |
| aconchegante | cozy |
| a cabana | cabin |
| aconteciam | happened |
| eu não mexi neles | I didn't touch them |
| as ferramentas | tools |
| o barracão | shed |
| os sinais de arrombamento | signs of a break-in |
| por último | lastly |
| os brinquedos | toys |
| o mago | magician |
| o feiticeiro | wizard |
| as palhaçadas | pranks |
| fraco | weak |
| as artimanhas | tricks |
| no início | at first |
| as pegadas sujas | dirty footprints |
| os barulhos | noises |
| os sapatos | shoes |
| os arbustos | bushes |
| as brincadeiras | pranks |
| acordou | woke up |
| as moedas | coins |
| contavam | counted |

# Exercises

In one sentence, explain what the story is about:

_____

Choose the best summary of the story:

A      A family living in a cottage on the edge of the village notice strange things happening around their home, caused by a troll. They ignore it but the troll keeps causing mischief, so they seek the help of a wizard, who advises them to chase it away.

B      A family living in a cottage on the edge of the village are constantly bothered by strange occurrences caused by a troll. They ignore it and eventually the troll leaves, but they are still bothered by strange occurrences.

C      A family of three living in a cottage on the edge of the village notice strange things happening around their home, caused by a troll. A wizard advises them to ignore it and it eventually disappears.

Now answer the following questions:

1      What is the name of the little girl in the story?

       _____

2      What was the first strange occurrence that the mother
       noticed?

       _____

3      Who did the family turn to for help?

       _____

4      What did the wizard advise the family to do in order to
       get rid of the troll?

       _____

5      Did the family give anything to the wizard for his help?

       _____

6      Do you think the wizard and the troll were working
       together?

       _____

# Fill in the blanks:

A      Um dia, começaram a reparar em coisas _____ que aconteciam na sua casa.

B      "Eu não mexi neles", respondeu ele, "talvez seja a tua _____".

C      Não faziam ideia do que estava a provocar aquelas estranhas _____.

D      "Não _____ o troll", respondeu o _____.

E      Mas a família ignorou-o e, por fim, as _____ do troll tornaram-se cada vez menos frequentes.

F      Ficaram tão gratos que até lhe deram um saco de _____ de ouro.

Have you ever been scammed by a troll?
Write your answer in Portuguese:

_____

_____

_____

_____

# Apenas Doces

Uma vez, numa pequena aldeia no coração da floresta, viviam duas crianças mimadas e perversas, Jacob e Wilma. Em toda a aldeia eram conhecidas pelos seus modos maliciosos, pelas partidas pregadas aos vizinhos e pelo amor que tinham por doces. Entravam muitas vezes sorrateiramente nas casas dos aldeões para roubar os seus bolos e guloseimas.

Um dia, enquanto passeavam pela floresta, Jacob e Wilma encontraram uma pequena e pitoresca cabana composta inteiramente por pão de gengibre e rebuçados! O cheiro a bolos e doces acabados de fazer saía da chaminé, tentando as crianças a investigar. Elas pensaram que tudo aquilo era um sonho tornado realidade, uma casa de pão de gengibre para elas comerem!

Sem qualquer hesitação, Jacob e Wilma entraram na casinha, com os olhos bem abertos e empolgados com a possibilidade de desfrutarem de todas as guloseimas que os aguardavam. Começaram a comer tudo o que viam, bolos, bolachas, doces, o telhado, as paredes, o chão, tudo. Estavam tão focados em comer que nem sequer repararam que estavam a devorar quase toda a casa à sua volta.

Mas o que Jacob e Wilma não sabiam era que a casa de pão de gengibre pertencia a uma bruxa. Ela tinha saído para apanhar ingredientes para a sua confeção, mas, quando voltou, ficou chocada ao encontrar a sua linda casa de pão de gengibre em ruínas e Jacob e Wilma a empanturrarem-se com as guloseimas dela. A bruxa inspecionou a destruição que eles tinham provocado. Todo o seu trabalho intenso, a sua casa de pão de gengibre, os seus bolos, os seus doces, tudo havia desaparecido!

Consumida pela raiva e desespero, a bruxa decidiu dar uma lição a Jacob e Wilma que eles jamais esqueceriam. Ela lançou-lhes um feitiço, transformando Jacob num homem de pão de gengibre e Wilma num bolo. A bruxa adorava cozinhar e pensou que desta forma, pelo menos, as crianças seriam úteis para alguma coisa.

A bruxa instalou-se na sua confortável cadeira junto à lareira para desfrutar das suas iguarias acabadas de fazer. Jacob e Wilma, agora apenas doces, foram lentamente devorados à dentada.

Desde esse dia, Jacob e Wilma nunca mais foram vistos ou ouvidos. Os aldeões murmuraram que eles haviam sido punidos pelos seus hábitos maldosos e que haviam aprendido da pior maneira que nunca devemos comer os doces de outra pessoa... especialmente quando estes são de uma bruxa.

# Vocabulary

| | |
|---|---|
| apenas | just, only |
| os doces | sweets |
| a aldeia | village |
| o coração | heart |
| a floresta | forest |
| mimadas | spoiled |
| perversas | wicked |
| os vizinhos | neighbors |
| sorrateiramente | sneakily |
| as guloseimas | treats |
| o pão de gengibre | gingerbread |
| os rebuçados | candy |
| o cheiro | smell |
| a chaminé | chimney |
| o sonho | dream |
| a casinha | cottage |
| empolgados | excited |
| as bolachas | cookies |
| o telhado | roof |
| as paredes | walls |
| focados em comer | focused on eating |
| pertencia a | belonged to |
| a bruxa | witch |
| a confeção | confectionery |
| a raiva | anger |
| o desespero | desperation |
| lançou-lhes um feitiço | cast a spell on them |
| o bolo | cake |
| pelo menos | at least |
| a cadeira | chair |
| as iguarias | delicacies |
| acabadas de fazer | freshly made |
| à dentada | bite by bite |

# Exercises

In one sentence, explain what the story is about:

_____

Choose the best summary of the story:

A     The story is about two wicked children who sneak into a gingerbread cottage and eat everything in sight, not realizing it belongs to a witch. The witch then punishes them by turning them into candy and eating them.

B     The story is about two children who sneak into a gingerbread cottage and eat everything in sight, not realizing it belongs to a witch. The witch then punishes them by turning them into candy and giving them as treats to the villagers.

C     The story is about two children who stumble upon a gingerbread cottage in the forest and decide to take some of the sweets for themselves. An evil witch lives in the cottage and she tries to eat the two children, but they lock the witch in an oven and escape.

Now answer the following questions:

1      What were Jacob and Wilma known for in the village?

_____

2      What did Jacob and Wilma think when they saw the gingerbread house?

_____

3      Who did the gingerbread house belong to?

_____

4      How did the witch feel when she saw Jacob and Wilma in her gingerbread house?

_____

5      What did the spell do?

_____

5      Do you think the witch was justified?

_____

Fill in the blanks:

A    Em toda a aldeia eram _____ pelos seus modos maliciosos, pelas partidas pregadas aos vizinhos e pelo amor que tinham por _____.

B    O _____ a bolos e doces acabados de fazer saía da _____, tentando as crianças a investigar.

C    Estavam tão focados em _____ que nem sequer repararam que estavam a devorar quase toda a casa à sua volta.

D    Mas o que Jacob e Wilma não sabiam era que a casa de pão de gengibre pertencia a uma _____.

E    Ela lançou-lhes um _____, transformando Jacob num homem de pão de gengibre e Wilma num _____.

F    Desde esse dia, Jacob e Wilma nunca mais foram _____ ou _____.

Have you ever been punished for being greedy?
Write your answer in Portuguese:

_____

_____

_____

_____

# Os Três Desejos do Mercador

Um velho mercador vagueava pelo deserto há dias, perdido e sozinho. Os seus mantimentos tinham acabado e ele estava esfomeado e cheio de sede. Ele já tinha perdido a esperança de alguma vez encontrar o seu caminho de volta para casa.

Ao tropeçar na areia, viu algo a brilhar à distância. Arrastou-se em direção àquilo e, à medida que se aproximava, apercebeu-se de que era uma garrafa. Com uma mão trémula, ele esticou-se e agarrou-a.

Ao esfregar a garrafa, surgiu uma nuvem de fumo e um génio. "Eu sou o teu servo", disse o génio. "Concedo-te três desejos."

O mercador ficou muito contente! Ele já tinha ouvido histórias sobre génios e os seus desejos, mas nunca tinha acreditado que teria a sorte de se deparar com um.

"Desejo ter um banquete cheio de comida e bebida luxuosa à minha frente", disse ele.

Num abrir e fechar de olhos, apareceu-lhe uma mesa cheia de comida e bebida deliciosa. O mercador comeu e bebeu até encher o estômago e saciar a sua sede.

"Desejo ser um príncipe jovem e rico, com muito ouro e joias", disse a seguir o mercador.

O génio acedeu ao seu desejo e o mercador viu-se rodeado de montanhas de ouro e joias. Ele tocou no tesouro, sentindo o peso de tudo aquilo nas mãos. Era tudo o que ele sempre havia desejado, mas sentiu que faltava algo. "Para que serve um tesouro sem alguém com quem o partilhar?", pensou ele. "Eu desejo casar-me com a mulher mais bela do mundo".

O génio satisfez o seu desejo e uma belíssima mulher apareceu ao seu lado em vestes de noiva. Ela olhou-o com veneração e beijaram-se.

"Mas, meu amor, quando regressaremos a casa?", perguntou ela.

O mercador percebeu subitamente que eles continuavam sozinhos e perdidos no deserto. Ele tinha usado os seus três desejos e o génio havia desaparecido!

O mercador tinha conseguido tudo o que sempre quis, mas nada disso lhe era útil no meio do deserto.

# Vocabulary

| | |
|---|---|
| os desejos | desires |
| o mercador | merchant |
| vagueava | wandered |
| há dias | for days |
| sozinho | alone |
| os mantimentos | provisions |
| estava esfomeado | was hungry |
| cheio de sede | very thirsty |
| à medida que | as |
| a garrafa | bottle |
| a nuvem de fumo | cloud of smoke |
| o servo | servant |
| num abrir e fechar de olhos | in the blink of an eye |
| as joias | jewels |
| rodeado de | surrounded by |
| faltava algo | something was missing |
| vestes de noiva | wedding attire |

# Exercises

In one sentence, explain what the story is about:

_____

## Choose the best summary of the story:

A     An old merchant finds a genie who grants him three wishes. He uses his first wish to become a rich young prince, with vast amounts of gold and jewels. He uses his second wish to gain a banquet of food and drink. His third wish is to be married to the most beautiful woman in the world.

B     An old merchant stumbles upon a genie in the desert. The merchant first wishes for a banquet of luxury food and drink, his second wish is for wealth and jewels and his final wish is to be married to the most beautiful woman in the world. He realizes that his wishes have all been in vain, as he is still lost in the desert.

C     An old merchant wanders in the desert for days. He finds a bottle and when he opens it, a genie comes out. The merchant uses his three wishes to wish for a banquet, gold and jewels, and a beautiful wife. He is so happy and returns home with his new wife and all his treasure.

Now answer the following questions:

1    What did the old merchant find in the desert?

_____

2    What did the merchant wish for first?

_____

3    How did he feel after his second wish was granted?

_____

4    What did the merchant wish for as his final wish?

_____

5    What did he realize after his third wish was granted?

_____

6    What do you think the moral of this story is?

_____

# Fill in the blanks:

A      Um velho mercador vagueava pelo _____ há dias, perdido e _____.

B      "Eu sou o teu _____", disse o génio. "Concedo-te três desejos."

C      "Desejo ter um _____ cheio de comida e bebida luxuosa à minha frente."

D      "Desejo ser um príncipe jovem e rico, com muito ____ e ____."

E      "Para que ____ um tesouro sem alguém com quem o _____?"

F      Ele tinha usado os seus três desejos e o génio havia _____!

If you had three wishes, what would you wish for?
Write your answer in Portuguese:

_____

_____

_____

_____

# Sangue na Areia

Numa pequena aldeia piscatória à beira-mar, vivia um jovem e bonito pescador chamado Safino. Ele tinha olhos profundamente azuis, pele bronzeada pelos dias passados no seu barco, e cabelo escuro e ondulado frequentemente fustigado pelo vento. Ele era forte e trabalhador, com um coração generoso e amor pelo mar.

Um dia, enquanto pescava, o barco do Safino foi apanhado por uma tempestade e ele foi atirado borda fora. Enquanto lutava para se manter à tona de água, viu algo que nunca pensou ser possível – uma sereia, com cabelo comprido e solto, além de uma cauda que brilhava como estrelas na água. Ela tinha olhos verdes como o mar e um rosto doce e gentil.

A sereia, cujo nome era Bahara, salvou Safino da tempestade e conduziu-o à segurança de uma ilha. Safino ficou espantado com a beleza e a bondade de Bahara. À medida que passava mais tempo com Bahara, acabou por se apaixonar por ela.

Bahara também se tinha apaixonado por Safino, mas ela sabia que o amor deles jamais poderia acontecer, pois ela era uma sereia e ele um ser humano. Apesar disso, continuaram a passar tempo juntos, explorando o mar à volta da ilha e partilhando a paixão deles pelo oceano.

Contudo, a Rainha do Mar proibiu a relação de ambos e ordenou a Bahara que se afastasse de Safino. Bahara ficou de coração partido, mas sabia que tinha de obedecer.

Safino, não querendo desistir do amor que havia encontrado, embarcou numa viagem para descobrir uma forma de estar com Bahara. Ele procurou a ajuda de um velho e sábio pirata, que já tinha lidado com muitas sereias e já tinha amado a Rainha do Mar. Numa taberna à beira do Oceano das Especiarias, o pirata disse

que a única forma de estar com Bahara era abdicar das suas pernas humanas e tornar-se um tritão.

Safino, ansioso por estar com Bahara, voltou à ilha. Mas Bahara nunca mais apareceu. Ele sentou-se na praia e, desesperado, esfaqueou as suas pernas com uma faca até o sangue tingir a areia.

Quando o sangue de Safino chegou às ondas do oceano, ele olhou para baixo e, em vez das suas pernas ensanguentadas, havia uma cauda. Por força de uma qualquer magia, ele era agora um tritão!

Safino saltou para o oceano e descobriu o reino subaquático onde imperava a Rainha do Mar, a quem ele pediu a bênção para casar com Bahara. A Rainha, reparando no amor entre os dois, concedeu a sua bênção e o casal casou-se numa grande cerimónia no reino.

Safino e Bahara estavam finalmente juntos, vivendo em harmonia com o mar e os seres humanos. Eles passaram os seus dias a explorar o oceano e viviam as suas noites nos braços um do outro, demonstrando que o verdadeiro amor pode tornar tudo possível.

# Vocabulary

| | |
|---|---|
| o sangue | blood |
| a areia | sand |
| o pescador | fisherman |
| bronzeada | tanned |
| o coração | heart |
| o barco | boat |
| borda fora | overboard |
| lutava para | struggled |
| se manter à tona de água | to stay afloat |
| a sereia | mermaid |
| comprido | long |
| a cauda | tail |
| a segurança | safety |
| espantado | startled |
| a bondade | kindness |
| o paixão | passion |
| desistir | give up |
| sábio | wise |
| tinha lidado | had dealt with |
| a beira | edge |
| o tritão | triton |
| ansioso por estar | eager to be |
| esfaqueou as suas pernas | stabbed his legs |
| as ondas | waves |
| casar com | to marry |

# Exercises

In one sentence, explain what the story is about:

_____

## Choose the best summary of the story:

A      A fisherman, Safino, falls in love with a mermaid named
       Bahara.  The Queen of the Sea forbids their relationship
       and Bahara seeks help from a sea-witch to become human
       so she can be with Safino.


B      Safino, a fisherman, falls in love with Bahara, a mermaid.
       The Queen of the Sea forbids their relationship, but
       through a magical transformation, Safino is able to become
       a merman and be with Bahara.


C      Safino, a fisherman, falls in love with a mermaid.  The
       Queen of the Sea forbids their relationship, and Safino
       stabs his legs with a knife and bleeds to death on an island.

Now answer the following questions:

1       How does Safino meet Bahara?

       _____

2       What color are Bahara's eyes?

       _____

3       Where does Bahara take Safino after the storm?

       _____

4       Where does Safino speak to the wise old pirate?

       _____

5       Where is Safino when he becomes a merman?

       _____

6       Are Safino and Bahara able to be together in the end?

       _____

# Fill in the blanks:

A    Ele tinha olhos profundamente _____, pele bronzeada pelos dias passados no seu _____, e cabelo escuro e ondulado frequentemente fustigado pelo vento.

B    Ela tinha olhos _____ como o mar e um rosto doce e gentil.

C    Contudo, a _____ proibiu a relação de ambos e ordenou a Bahara que se afastasse de Safino.

D    Safino, _____ por estar com Bahara, voltou à ilha.

E    Por força de uma qualquer _____, ele era agora um _____!

F    Safino e Bahara estavam finalmente juntos, vivendo em harmonia com o _____ e os _____ humanos.

Have you ever loved someone who you could never be with?
Write your answer in Portuguese:

_____

_____

_____

_____

# A Esposa do Gigante

Há muito tempo, num reino distante, vivia uma mulher bonita mas gananciosa chamada Polina. Ela estava sempre à procura de novas maneiras de aumentar a sua riqueza e estatuto e, um dia, ouviu falar de um gigante que vivia numa terra remota no topo de uma macieira gigante e que tinha um vasto tesouro em ouro. Polina decidiu fazer qualquer coisa para deitar as mãos a esse ouro, mesmo que isso significasse casar com o gigante.

Polina pôs-se a caminho, decidida a conquistar o coração do gigante e o tesouro dele. Ela escalou a macieira durante muitos dias e chegou finalmente à terra dos gigantes e encontrou o castelo do gigante. Ele era enorme e aterrador, mas Polina não tinha medo. Ela sorriu e bateu as suas pestanas, e rapidamente o gigante ficou apaixonado.    Casaram-se numa imponente cerimónia e Polina mudou-se para o castelo com o seu novo marido.

Mas as verdadeiras intenções de Polina foram rapidamente manifestadas.    Ela esperava que o seu gigante marido adormecesse e saía à socapa do seu quarto à procura do tesouro do gigante.    Ela tirava pequenas quantidades de ouro de cada vez, ocultando-o debaixo da cama nupcial.    Ela tinha o cuidado de não tirar muito e de não deixar quaisquer pistas.

Uma noite, enquanto Polina estava escondida debaixo da cama com um punhado de moedas de ouro, o gigante acordou e viu que a sua mulher não estava na cama ao seu lado. Ele sentiu-se confuso quanto à razão pela qual a sua mulher deixaria o quarto a meio da noite e saiu da cama.  Na escuridão, ele não viu Polina no chão e pisou-a, esmagando-a debaixo do seu enorme pé.

Eis a razão, caro leitor, pela qual nunca devemos casar por dinheiro.

# Vocabulary

| | |
|---|---|
| gananciosa | greedy |
| ouviu falar de | had heard of |
| a macieira | apple tree |
| deitar as mãos a | get her hands on |
| pôs-se a caminho | set out on a journey |
| escalou | climbed |
| aterrador | terrifying |
| não tinha medo | was not afraid |
| bateu as suas pestanas | fluttered her eyelashes |
| ficou apaixonado | fell in love |
| imponente | impressive |
| as verdadeiras intenções | the true intentions |
| a cama nupcial | bridal bed |
| as pistas | clues |
| o punhado | handful |
| as moedas | coins |
| ao seu lado | by his side |
| o meio da noite | middle of the night |
| esmagando | crushing |
| o pé | foot |
| caro | dear |
| o leitor | reader |

# Exercises

In one sentence, explain what the story is about:

_____

Choose the best summary of the story:

A      Polina, a beautiful but greedy woman, marries a giant to gain access to his vast treasure of gold. However, the giant crushes her to death while she is sneaking around trying to steal his treasure.

B      A giant falls in love with a woman named Polina, who tricks him into marrying her and giving her access to his treasure of gold. She steals from him every night until he catches her and kills her.

C      Polina, a kind-hearted woman, falls in love with a giant who lives in a far-off kingdom at the top of a giant apple tree. She marries him and they live happily ever after.

Now answer the following questions:

1       What was the giant's treasure that Polina was after?

_____

2       How did Polina win the giant's heart?

_____

3       How did Polina try to get her hands on the giant's treasure?

_____

4       How did the story end?

_____

5       What is the moral of the story?

_____

Fill in the blanks:

A      Há muito tempo, num reino distante, vivia uma mulher bonita mas _____ chamada Polina.

B      Polina decidiu fazer qualquer coisa para deitar as mãos a esse ____, mesmo que isso significasse casar com o _____.

C      Ele era enorme e aterrador, mas Polina não tinha _____.

D      Ela tirava pequenas _____ de ouro de cada vez, ocultando-o debaixo da cama nupcial.

E      Uma noite, enquanto Polina estava escondida debaixo da cama com um _____ de moedas de ouro.

F      Eis a razão, caro leitor, pela qual nunca devemos casar por _____.

Have you ever met someone like Polina?
Write your answer in Portuguese:

_____
_____
_____
_____

# A Princesa da Pérsia

Era uma vez, numa cidade da Pérsia, um califa cego que tinha uma filha. Ela era uma princesa vaidosa e mimada, que passava a maior parte do tempo nos seus aposentos admirando a sua beleza. Ela tinha uma criada, Amira, que ela tratava muito mal, muitas vezes criticando-a pelos mais insignificantes erros.

Um dia, enquanto a princesa tomava o seu pequeno-almoço de ovos e figos, Amira tropeçou num tapete, e o prato da princesa caiu ao chão. A princesa ficou enraivecida, espancando Amira sem piedade.

Sem esperança e sentindo-se desesperada, Amira procurou um misterioso mágico no velho bazar. O feiticeiro, com as suas vestes escuras, deu-lhe um estranho ovo e disse-lhe que, caso ela partisse o ovo e o atirasse para o fogo repetindo as palavras "Roc! Roc!", os seus problemas desapareceriam.

Passado algum tempo, o califa conseguiu que a princesa vaidosa se casasse com um belo príncipe de Esh-Shams, e Amira foi incumbida de prepará-la para o grande dia. Enquanto penteava a princesa, ela puxou acidentalmente um fio de cabelo. A princesa ficou enfurecida e começou a bater na sua pobre criada. Amira, consumida pela raiva, partiu o ovo e atirou-o para o fogo, repetindo as palavras "Roc! Roc!".

Inesperadamente, um pássaro gigantesco desceu do céu, com as asas abertas ao longo da largura do palácio. Tinha penas vermelho-fogo e um bico tão afiado como uma espada. A princesa gritava enquanto o pássaro a capturava com as garras, voando com ela para longe.

Com a princesa desaparecida, Amira lavou-se banho da princesa, alimentou-se com a comida dela, e até vestiu as suas roupas. Ninguém suspeitou de nada, especialmente o califa cego, e Amira casou-se com o príncipe.

Na noite de núpcias, quando Amira e o príncipe ficaram sozinhos no quarto, o príncipe tornou-se subitamente frio e imóvel, como se estivesse sob um feitiço. Amira voltou-se e viu o mágico atrás dela, com um sorriso sinistro no rosto. Ele informou-a de que o preço pelo ovo que lhe tinha dado era passar a noite de núpcias com ele.

Amira ficou horrorizada, mas tinha um plano. Ela deitou-se na cama e fingiu cumprir as exigências do mágico, mas, enquanto o feiticeiro caminhava na sua direção, ele tropeçou no tapete. Ao cair, vários ovos tombaram das suas escuras vestes. Amira agarrou rapidamente um, partiu-o e atirou-o para o fogo, repetindo as palavras "Roc! Roc!". O gigantesco pássaro desceu mais uma vez, desta vez levando consigo o mágico.

O príncipe acordou do seu sono encantado e eles passaram a noite juntos. O príncipe ficou impressionado com o encanto e a astúcia de Amira, surpreendido por ela ser tão diferente da mulher velada com quem ele julgava ir casar. O príncipe jurou-lhe ser sempre fiel.

Mas Amira guardou os restantes ovos, por precaução.

# Vocabulary

| | |
|---|---|
| cego | blind |
| vaidosa | vain |
| mimada | spoiled |
| os aposentos | chambers |
| a criada | maid |
| o pequeno-almoço | breakfast |
| os figos | figs |
| tropeçou num tapete | stumbled on a carpet |
| enraivecida | enraged |
| espancando | beating |
| sem piedade | without mercy |
| o mágico | magician |
| o ovo | egg |
| foi incumbida | was entrusted |
| penteava | combed |
| puxou | pulled |
| o fio de cabelo | strand of hair |
| o pássaro | bird |
| as asas | wings |
| as penas | feathers |
| vermelho-fogo | fiery-red |
| o bico | beak |
| afiado | sharp |
| a espada | sword |
| as garras | claws |
| a noite de núpcias | wedding night |
| o sorriso sinistro | sinister smile |
| o encanto | charm |
| a astúcia | cleverness |
| velada | veiled |
| jurou-lhe ser | swore to be |
| fiel | faithful |

# Exercises

In one sentence, explain what the story is about:

_____

## Choose the best summary of the story:

A      A spoiled princess mistreats her servant, Amira, until Amira turns to a magician for help, leading to the princess's disappearance and the death of the caliph. Amira marries the prince and takes over the kingdom.

B      A princess is captured by a giant bird who takes her away from the city. Her servant Amira takes her place but she has to marry the magician who helped her. The prince saves Amira and they marry.

C      A vain and spoilt princess is carried away by a giant bird after her servant, Amira, calls upon the help of a mysterious magician. Amira takes the princess's place and marries the prince, but the magician demands a night with her in return for his help.

# Now answer the following questions:

1  What is the relationship between the princess and the caliph?

_____

2  How does the princess treat her servant, Amira?

_____

3  What does the magician give Amira to solve her troubles?

_____

4  Why does the prince become cold and motionless in Amira's chamber?

_____

5  What does the prince think of Amira?

_____

5  What does Amira do with all the eggs?

_____

# Fill in the blanks:

A      Ela era uma princesa _____ e _____, que passava a maior parte do tempo nos seus aposentos admirando a sua beleza.

B      Enquanto _____ a princesa, ela puxou acidentalmente um fio de cabelo.

C      Com a princesa desaparecida, Amira lavou-se banho da princesa, alimentou-se com a comida dela, e até vestiu as suas _____.

D      Ele informou-a de que o _____ pelo ovo que lhe tinha dado era passar a noite de núpcias com ele.

E      O gigantesco pássaro desceu mais uma vez, desta vez levando consigo o _____.

F      Mas Amira guardou os _____ ovos, por precaução.

If you had a magical egg, who would you use it on?
Write your answer in Portuguese:

_____

_____

_____

_____

# O Sapo que sonhava em ser um Príncipe

Outrora, no pântano além da orla da floresta, havia um lago profundo, repleto de lírios e insetos. Neste lago vivia um sapo. Ele era gordo e escamoso, com verrugas nas longas pernas e grandes olhos amarelos bulbosos. O sapo sentia-se muito aborrecido com a sua vida, que passava sentado em cima da sua almofada de lírios a comer insetos. Ele queria algo mais, queria emoção e aventura. Sonhava em ser um príncipe, frequentar grandes banquetes, usar roupas requintadas e cavalgar orgulhosamente em cima de um cavalo, guiando os seus soldados para a batalha.

Mas o sapo não sabia que a Fada Verde do pântano tinha resolvido satisfazer-lhe o seu desejo. Ela conhecia a pessoa certa para o ajudar: a princesa do reino. No fim de contas, é impossível ser um príncipe sem uma princesa.

Como obra do destino, a princesa caminhou um dia pelo pântano que ficava além da orla da floresta e deu de caras com a lagoa do sapo. Ela estava a brincar com a sua bola e por acidente deixou-a cair na lagoa. Ao ver o sapo sentado sobre a sua almofada de lírios, ela implorou-lhe que ele mergulhasse e fosse buscar a bola. O sapo concordou, mas com uma condição. "Vou buscar a tua bola por ti, princesa", disse o sapo. "Mas, em troca, tens de me dar um beijo".

A princesa ficou hesitante, já que não gostava da ideia de beijar um sapo escamoso, mas ela queria mesmo a sua bola, por isso concordou de forma relutante.

O sapo saltou para a água. As suas longas pernas tornavam-no um nadador extremamente elegante e ele depressa encontrou a bola e trouxe-a à princesa. Ela ficou muito feliz e impressionada com o sapo. Ela agradeceu-lhe e inclinou-se para lhe dar um beijo.

Mal se beijaram, surgiu uma brilhante luz verde e, em vez de um sapo, apareceu um príncipe bonito, de joelhos, no lago! A princesa ficou chocada e apaixonou-se imediatamente por ele. Ele era muito bonito, afinal de contas era um príncipe. Regressaram ao castelo do pai dela, onde todos concordaram que deveriam casar imediatamente, pois ficavam muito bem juntos. Pela parte que lhe tocava, o sapo sentia-se muito contente e mal podia esperar para começar a sua nova vida como príncipe.

Todavia, no dia do casamento, em frente ao espelho, o príncipe procurava parecer requintado nas suas roupas principescas. "Isto é muito diferente de estar sentado todo nu sobre uma almofada de lírios!", pensou o príncipe. Mas ele sentiu-se bastante desconfortável com o tecido rígido, que lhe arranhava a pele e lhe provocava comichão. A princesa repreendeu-o e disse: "Um príncipe deve saber usar roupas delicadas!" O príncipe sentiu-se desolado, mas fez o seu melhor e ajustou o seu casaco e chapéu.

Na festa de casamento, havia muitos convidados e comidas deliciosas. As mesas estavam adornadas com pratos de carne assada, como carne de porco suculenta, carne de vaca tenra, e frango saboroso. Havia também taças de saladas cheias de cor, pratos de frutas frescas, e cestos de pão quente. "Isto é muito diferente de comer insetos!", pensou o príncipe. Mas, enquanto os convidados desfrutavam do festim, o príncipe debatia-se para usar a sua faca e garfo, pois não estava habituado a tais coisas, e, como também não estava acostumado a comida tão deliciosa, começou a sentir-se ligeiramente enjoado. A princesa repreendeu-o e disse-lhe: "Um príncipe deve saber comportar-se à mesa de jantar"! O príncipe sentiu-se desolado, mas deu o seu melhor e trincou uma maçã.

Por fim, chegou o baile de casamento. Todos os convidados pareciam elegantes e sofisticados enquanto dançavam em torno do grande salão. "Deve ser fácil!" pensou o príncipe, ao lembrar-se de como era capaz de usar perfeitamente as suas longas pernas para nadar com elegância no seu lago. Mas o príncipe não conseguia dançar bem e sentia-se desorientado pela música, caindo ou esbarrando várias vezes nos outros convidados. A princesa repreendeu-o e disse: "Um príncipe deve saber dançar num casamento"! O príncipe sentiu-se desolado e deixou o salão de baile envergonhado e foi sentar-se ao lado do rei.

O rei reparou na tristeza do príncipe e disse-lhe: "Não fiques desanimado, meu filho, pois amanhã vais cavalgar juntamente com os meus soldados rumo à guerra!" Ao ouvir isto, o príncipe fartou-se. Ele fugiu do palácio, rastejou pelos campos e esgueirou-se sorrateiramente pelas aldeias do reino, até chegar ao pântano para lá da orla da floresta, onde os seus olhos bulbosos começaram a brilhar no escuro como dois pirilampos.

Ao reencontrar o seu antigo lago, o príncipe tirou as suas incómodas roupas de casamento, e saltou para dentro – e voltou a ser um sapo gordo e escamoso, com verrugas em todas as suas longas pernas, além de grandes e bulbosos olhos amarelos.

Depois disso, o sapo passou alegremente os seus dias sentado na sua almofada de lírios a comer insetos, e

nunca mais teve de se preocupar com roupas delicadas, boas maneiras à mesa, danças, ou soldados.

Quanto à princesa, ela acabou por casar com outro príncipe. Este príncipe era extremamente bonito e, por ficarem tão bem juntos, todos concordaram que eles tinham de casar imediatamente. Este príncipe, vestido com roupas elegantes, sabia comportar-se à mesa de jantar e dançava frequentemente com os seus soldados. Ele também sabia que não se pode ser um príncipe sem uma princesa.

E todos viveram felizes para sempre, cada um à sua maneira.

# Vocabulary

| | |
|---|---|
| o sapo | frog |
| sonhava | dreamed |
| outrora | once upon a time |
| o pântano | swamp |
| a orla | edge |
| os lírios | lilies |
| escamoso | scaly |
| as verrugas | warts |
| as pernas | legs |
| aborrecido | bored |
| a almofada de lírios | lily pad |
| requintadas | refined |
| cavalgar | to ride |
| orgulhosamente | proudly |
| a fada | fairy |
| como obra do destino | as fate would have it |
| deu de caras com | came face to face |
| concordou | agreed |
| em troca | in exchange |
| o beijo | kiss |
| mas | but |
| de forma relutante | reluctantly |
| o nadador | swimmer |
| depressa encontrou | quickly found |
| em vez de | instead of |
| afinal de contas | after all |
| ficavam bem juntos | they looked good together |
| mal podia esperar para | could hardly wait to |
| o casamento | wedding |
| o espelho | mirror |
| nu | naked |
| desconfortável | uncomfortable |
| o tecido | fabric |

| | |
|---|---|
| arranhava | scratched |
| repreendeu | scolded |
| fez o seu melhor | did his best |
| os convidados | guests |
| a carne assada | roasted meat |
| a vaca tenra | tender beef |
| o frango saboroso | tasty chicken |
| os cestos | baskets |
| debatia-se para usar | struggled to use |
| a faca | knife |
| o garfo | fork |
| ligeiramente enjoado | a little sick |
| maçã | apple |
| não conseguia dançar bem | couldn't dance well |
| caindo | falling |
| esbarrando | bumping |
| envergonhado | embarrassed |
| a guerra | war |
| rastejou | crawled |
| esgueirou-se sorrateiramente | crept stealthily |
| os pirilampos | fireflies |
| voltou a ser | became again |
| depois disso | after that |
| quanto | as for |
| acabou por casar com | ended up marrying |
| a mesa de jantar | dining table |
| cada um à sua maneira | each in their own way |

# Exercises

In one sentence, explain what the story is about:

_____

## Choose the best summary of the story:

A     A toad living in a swamp dreams of becoming a prince and is granted his wish by a fairy, but struggles to adapt to his new lifestyle and responsibilities.

B     A toad living in a swamp becomes a prince after kissing a fairy, but finds himself unhappy with his new life and eventually decides to return to being a toad.

C     A toad living in a swamp, who is unhappy with his simple life, turns into a prince after kissing a princess. He finds that being a prince is just as glamorous as he had hoped, and he eventually becomes a king.

# Now answer the following questions:

1      Where did the toad live before becoming a prince?

_____

2      Who decided to change the toad into a prince?

_____

3      How did the princess and the toad meet?

_____

4      What was the condition the toad set for fetching the princess's ball?

_____

5      Why did the prince feel uncomfortable and dismayed at the wedding?

_____

6      Do you think the toad should have remained a prince?

_____

## Fill in the blanks:

A     Ele era gordo e _____, com verrugas nas longas pernas e grandes olhos amarelos _____.

B     "Vou buscar a tua ____ por ti, princesa", disse o sapo. "Mas, _____, tens de me dar um beijo".

C     Mal se beijaram, surgiu uma brilhante luz _____ e, em vez de um sapo, apareceu um príncipe bonito, de joelhos, no ____!

D     "Isto é muito diferente de estar sentado todo nu sobre uma _____!", pensou o príncipe.

E     "Isto é muito diferente de comer _____!", pensou o príncipe.

F     E todos viveram _____ para sempre, cada um à sua maneira.

Would you prefer to be the toad or the prince?
Write your answer in Portuguese:

_____

_____

_____

_____

# A Rainha Branca

"Temos estado a andar há vários dias", resmungou Schelvis, enquanto limpava o suor da testa. Schelvis gostava de ser explorador, estava habituado a caminhar por terrenos inóspitos, embora aquilo fosse intolerável. "Pensei que tinhas dito que a montanha ficava perto, Zonnebloem?"

"E fica", respondeu o professor, com os óculos no nariz para examinar o mapa que ele tinha roubado do Instituto Real Belga. "Mas a selva é densa e o terreno é traiçoeiro. Mas devemos estar a aproximar-nos".

Bem atrás de ambos, Snee bufou e soprou, esforçando-se para aguentar os pesados sacos que ele carregava.

"Podemos descansar um pouco, senhor? Estou cansado e tenho sede".

"Cala-te, Snee", rosnou Schelvis. "Estamos quase a chegar. O tesouro da Rainha Branca espera-me e raios me partam se esta selva me irá impedir de lhe pôr as mãos".

"A Rainha Branca", comentou Zonnebloem. "Que nome romântico. O meu palpite é que ela é uma subespécie de *gorila beringei* – sem dúvida uma mutante, tendo em conta o tamanho enorme, embora eu desconfie que o seu albinismo é uma mutação adicional que contribui para o seu estatuto mítico entre os nativos. Admito que seria fascinante estudá-la..."

"Vais poder estudá-la", interrompeu Schelvis, "depois de levarmos o tesouro que é suposto ela estar a guardar". Schelvis dedilhou a pistola que trazia sempre consigo: "Depois podes vender o que restar do cadáver àqueles charlatões em Ghent".

O trio ficou novamente em silêncio enquanto caminhava pela selva, sem saber que estava a ser seguido.

\*

Mkali vigiava a situação por entre as sombras enquanto os três homens se aproximavam da montanha sagrada. Ela sabia que estavam ali por causa do tesouro. Ela rangeu os dentes, ultrajada com a ideia daqueles forasteiros profanarem o local sagrado.

Com um feroz grito de batalha, Mkali atacou os homens, com a sua lança a postos. Eles não esperavam o seu ataque e foram apanhados desprevenidos. Mas Schelvis e Zonnebloem sacaram rapidamente das suas pistolas, disparando selvaticamente na direção da bravia guerreira.

Mkali foi rápida, desviando-se das balas, mas uma apanhou-a no ombro. Ela cambaleou mas não caiu. Ela continuava a lutar, a sua lança golpeava com precisão

mortal, atirando Snee ao chão. Mas não foi suficiente contra as armas dos intrusos.

Com um tiro certeiro, Schelvis conseguiu arrancar a lança da mão de Mkali. Zonnebloem agarrou-a por trás, segurando-a com força apesar das suas mordidas selvagens, enquanto Schelvis a amarrou e a enfiou numa jaula.

*

Enquanto Mkali estava ali deitada, ferida e aprisionada, ela conseguia ouvir os planos dos homens para roubar o tesouro da Rainha Branca. Ela começou a elaborar um plano, à espera do momento certo para atacar.

Ela estudou cuidadosamente os seus captores. Snee, o homem baixo e cobarde, parecia ser o elo mais fraco. Estava sempre a queixar-se e ela conseguia ver o medo nos seus olhos.

No dia seguinte, Schelvis e Zonnebloem deixaram Snee a guardar Mkali para poderem subir a montanha. Mkali começou a fingir fraqueza, simulando estar demasiado ferida para se mover. Quando Snee se aproximou para a vigiar, ela sussurrou-lhe baixinho.

"Por favor, deixa-me sair. Não aguento mais estar aqui dentro. Faço tudo o que quiseres".

Snee, facilmente influenciado por uma cara bonita, aproximou-se, sem suspeitar de nada. "Como assim? O que tens em mente...?"

Mkali olhou-o nos olhos, fingindo estar a seduzi-lo. "Serei tua se me deixares sair", disse ela, com a voz baixa e sedutora.

Snee ficou encantado com as palavras dela mas, ao aproximar-se, a perna de Mkali saltou por entre as barras e deixou-o inconsciente, ao mesmo tempo que arrancou habilmente com a mão as chaves da jaula do cinto dele.

Ela sorriu maliciosamente, "Obrigada".

*

Mkali espiou Schelvis e Zonnebloem a caminho da montanha e sabia que tinha de os alcançar antes de eles chegarem à Rainha Branca.

Com a sua lança a postos, ela correu pela selva, desviando-se das árvores e da vegetação rasteira.

Mas era demasiado tarde. A Rainha Branca estava ali.

A enorme criatura ficou furiosa ao ver os intrusos. Zonnebloem, que estava à frente, foi o primeira a vê-la, e congelou de medo. A Rainha Branca, com um movimento rápido, soltou um rugido ensurdecedor e o corpo dele foi esmagado sob o imenso peso do seu gigante punho.

Schelvis ficou demasiado apavorado para lutar. Largando a sua pistola, fugiu para a selva, gritando como um louco.

Mas Mkali não teve medo, nem mesmo quando a Rainha Branca avançou contra ela, com a sua forma maciça a mover-se com alarmante rapidez. Mkali conseguia sentir o seu coração a bater no peito, mas recusou-se a recuar.

A Rainha Branca baixou-se para fitar Mkali nos olhos. Ela soltou um grunhido baixo, com a sua forma maciça a pairar sobre Mkali. Mas Mkali não vacilou, os seus olhos enfrentaram os da Rainha Branca com uma determinação feroz.

"Eu não me vou curvar", disse Mkali.

A Rainha Branca estendeu a mão e tocou gentilmente a cabeça de Mkali com um nó do dedo, antes de recuar novamente para a montanha.

Mkali perseguiu Schelvis, que continuava a gritar, mas libertou Snee. Ao regressar imediatamente ao seu rei, todo o reino a elogiou pela bravura.

Houve um grande banquete em honra dela. O povo dançou e cantou, celebrando a sua vitória sobre os intrusos, deliciando-se com a carne lentamente cozida do explorador belga.

\*

O sol tinha-se posto sobre a montanha sagrada e as névoas emergiam sobre a selva. A Rainha Branca mexeu-se quando ouviu um chamamento distante. Um chamamento tão profundo e baixo que nenhum humano o podia ouvir. O seu rei, o seu companheiro, estava a chamá-la de volta para casa, de volta à escuridão da selva distante.

# Vocabulary

| | |
|---|---|
| a rainha | queen |
| branca | white |
| resmungou | grumbled |
| o suor | sweat |
| a testa | forehead |
| intolerável | intolerable |
| perto | close |
| os óculos | glasses |
| roubado | stolen |
| traiçoeiro | treacherous |
| bufou e soprou | huffed and puffed |
| os pesados saco | heavy bags |
| descansar | to rest |
| cala-te! | be quiet! |
| raios me partam se | I'll be damned if |
| a selva | jungle |
| sem dúvida | without a doubt |
| o tamanho | size |
| o estatuto mítico | mythical status |
| dedilhou a pistola | fingered the pistol |
| os charlatões | charlatans |
| vigiava | watched |
| sagrada | sacred |
| rangeu os dentes | ground her teeth |
| ultrajada | outraged |
| o feroz grito | fierce scream |
| a lança | spear |
| a postos | at the ready |
| apanhados desprevenidos | caught off guard |
| selvaticamente | wildly |
| a guerreira | warrior |
| desviando-se das balas | dodging the bullets |
| o ombro | shoulder |

| | |
|---|---|
| cambaleou | staggered |
| lutar | to fight |
| o tiro certeiro | accurate shot |
| as mordidas selvagens | wild bites |
| a jaula | cage |
| cuidadosamente | carefully |
| cobarde | cowardly |
| o elo mais fraco | weakest link |
| fingir fraqueza | to feign weakness |
| a cara bonita | pretty face |
| em mente | in mind |
| a perna | leg |
| as barras | bars |
| inconsciente | unconscious |
| as chaves | keys |
| o cinto | belt |
| a vegetação rasteira | undergrowth |
| congelou de medo | froze with fear |
| o rugido ensurdecedor | deafening roar |
| o peso | weight |
| o punho | fist |
| largando a sua pistola | dropping his pistol |
| maciça | massive |
| fitar | to stare |
| o grunhido | growl |
| o nó do dedo | knuckle |
| elogiou | praised |
| a honra | honor |
| o povo | people |
| as névoas | mists |
| o chamamento | call |

# Exercises

In one sentence, explain what the story is about:

_____

Choose the best summary of the story:

A      Three explorers, Schelvis, Zonnebloem, and Snee, are captured by a fierce warrior, Mkali, and her tribe. They are forced to give up their treasure hunting and live among the tribe.

B      Three explorers, Schelvis, Zonnebloem, and Snee, find the White Queen and steal its treasure. They defeat the vicious beast and return home to Ghent as heroes.

C      Three explorers journey to find the treasure of the White Queen, a legendary albino gorilla, but are ambushed by a local warrior who tries to stop them from desecrating the sacred site.

Now answer the following questions:

1      What is the goal of the three explorers, Schelvis, Zonnebloem, and Snee?

_____

2      How does Schelvis react when Snee asks to rest?

_____

3      What does Zonnebloem believe about the White Queen?

_____

4      Who is Mkali and what is her motivation for attacking the explorers?

_____

5      How does Mkali manage to escape from her cage?

_____

Fill in the blanks:

A    "E fica", respondeu o professor, com os óculos no \_\_\_\_ para examinar o mapa que ele tinha _____ do Instituto Real Belga.

B    Mkali vigiava a situação por entre as sombras enquanto os três homens se aproximavam da _____ sagrada.

C    Ela começou a elaborar um \_\_\_\_, à espera do momento certo para atacar.

D    Ela sorriu maliciosamente, "_____".

E    A Rainha Branca baixou-se para \_\_\_ Mkali nos olhos.

F    Mkali perseguiu Schelvis, que continuava a \_\_\_\_\_, mas _____ Snee.

Have you ever had to defend someone?
Write your answer in Portuguese:

_____

_____

_____

_____

# Uma Chávena de Café

Delia sentou-se sozinha numa pequena mesa no canto do café, envolta no alvoroço da noite. O aroma quente a café acabado de fazer impregnou o ar, enquanto jovens casais riam e conversavam nas mesas mais próximas. Ela bateu nervosamente com o pé. A sua chávena estava à sua frente, intacta.

Ele tinha-a levado até ali no primeiro encontro que tiveram, lembrou-se. E nos aniversários dela. E agora ali estava ele, a entrar pela porta como tinha feito há tantos anos.

Mas desta vez ele estava atrasado. Ele agora chegava muitas vezes atrasado.

"Desculpa o meu atraso. O que se passa?"

Delia respirou fundo. "Eu sei sobre o teu caso, Sam. Já sei há algum tempo".

A cara de Sam ficou pálida. Ele gaguejou, "Não é... não é o que tu estás a pensar, Delia."

Delia olhou para ele. "A sério? É que parece que tens andado a dormir com ela nas minhas costas. Com ELA... de todas as pessoas possíveis!"

Sam baixou a sua cabeça com vergonha. "Desculpa, Delia. Não queria que isso acontecesse. Foi simplesmente um erro".

Delia ficou fria. Fria como o café que ela não bebera. "Um erro? Destruíste o nosso casamento por um erro?"

Ficaram ambos em silêncio durante algum tempo. Délia empurrou a chávena de café na direção do marido.

"Olha, bebe um café. É por minha conta", disse ela com um ligeiro sorriso.

Sam hesitou por um momento, mas depois pegou na chávena e tomou um golo. Subitamente, ele dobrou-se cheio de dores, agarrando-se ao peito.

Delia levantou-se, com um olhar satisfeito na cara. Sam desmaiou no chão. As pessoas presentes correram em seu auxílio, mas o café tinha cumprido o seu papel.

Delia continuava a sorrir enquanto a afastavam. Afinal, ela poderia beber sempre um café na esquadra da polícia.

# Vocabulary

| | |
|---|---|
| a chávena | cup |
| o café | coffee |
| sozinha | alone |
| no alvoroço da noite | in the commotion of the night |
| quente | hot |
| os casais | couples |
| bateu com o pé | tapped her foot |
| atrasado | late |
| desculpa o meu atraso | sorry I'm late |
| há algum tempo | for some time |
| ficou pálida | he turned pale |
| gaguejou | stammered |
| nas minhas costas | behind my back |
| a vergonha | shame |
| o casamento | marriage |
| o marido | husband |
| é por minha conta | it's on me |
| o ligeiro sorriso | slight smile |
| tomou um golo | took a sip |
| subitamente | suddenly |
| cheio de | full of |
| o peito | chest |
| o olhar | look |
| a cara | face |
| desmaiou | fainted |
| cumprido o seu papel | done its job |
| a esquadra da polícia | police station |

# Exercises

In one sentence, explain what the story is about:

_____

Choose the best summary of the story:

A        Delia confronts her husband Sam about an affair and he admits it was a mistake, but she serves him poisoned coffee as a form of revenge.

B        Delia and her husband Sam argue over an affair he had. Delia ends up forgiving him and they make up.

C        Sam waits for Delia in order to confess to her that he had an affair. She serves him poisoned coffee as a form of revenge, he collapses and dies, and Delia is arrested.

# Now answer the following questions:

1  Where does the story take place?

_____

2  Who is Sam?

_____

3  What is the significance of Delia remembering the coffee shop as the place where Sam took her on their first date?

_____

4  Why is Delia tapping her foot nervously?

_____

5  Do you think Delia regrets her actions?

_____

Fill in the blanks:

A       O aroma _____ a café acabado de fazer impregnou o __,
        enquanto jovens casais riam e conversavam nas mesas
        mais próximas.


B       E agora ali estava ele, a entrar pela _____ como tinha feito
        há tantos anos.


C       "Eu __ sobre o teu caso, Sam. Já sei há algum tempo".


D       "Um erro? Destruíste o nosso _____ por um erro?"


E       Sam _____ por um momento, mas depois pegou na
        chávena e tomou um ____.


F       Afinal, ela poderia beber sempre um café na _____
        _____.


Have you ever gotten revenge on someone who wronged you?
Write your answer in Portuguese:

_____
_____
_____
_____

# O Príncipe Gelo

Há muito tempo, numa pequena aldeia nas profundezas montanhosas, vivia uma velha mulher. Ela vivia mergulhada na tristeza, pois há muitos anos tinha perdido o seu filho Jack no inverno, e gritava agora às crianças da aldeia para irem para casa e sentarem-se quentes e a salvo junto à lareira.

Há muito tempo que os aldeões tinham desistido de celebrar o Natal, pois o tempo frio havia ceifado demasiadas vidas no passado. Mas, todos os anos, na véspera de Natal, as crianças saíam de casa para patinar no lago gelado, desobedecendo aos avisos da velhota.

Certo ano, ao patinarem no lago, as crianças viram um estranho rapaz no gelo. Os olhos dele tinham um azul gélido, a pele era branca, e à sua volta havia um frio tão intenso que os dentes delas tremiam. As crianças ficaram assustadas e fugiram o mais rápido que puderam.

Nesse mesmo momento, o gelo do lago começou a estalar e a ranger, lançando ruídos ameaçadores por toda a aldeia. Elas perceberam que teriam ficado presas na água gelada se o estranho rapaz não as tivesse afugentado. Mas, quando voltaram para lhe agradecer, o rapaz havia desaparecido.

Todos os adultos da aldeia ouviram aquela confusão e saíram para abraçar as suas crianças, aliviados por elas estarem sãs e salvas. E foi então que repararam que todas as ruas e casas da aldeia haviam subitamente ficado cobertas de gelo. Tudo brilhava e reluzia nos mais belos padrões de flocos de neve.

A aldeia encheu-se de alegria e deslumbramento e decidiram celebrar novamente o Natal. As ruas foram enfeitadas com velas e lanternas e as casas foram decoradas com azevinho e visco. Os aldeões entoaram canções de Natal e dançaram nas ruas. E as crianças falaram daquele estranho rapaz, o emissário frio invernal que as tinha salvado, a quem chamaram o Príncipe Gelo.

Na casa da velha mulher, as luzes cintilavam através da janela e a luz do fogo refletia no rosto enrugado da velha senhora, que estava sentada quentinha e a salvo junto à sua lareira, por fim em paz no sono da morte.

E, na janela, o gelo havia soletrado uma palavra no vidro:

"Jack"

# Vocabulary

| | |
|---|---|
| o gelo | ice |
| há muito tempo | a long time ago |
| a aldeia | village |
| a tristeza | sadness |
| o inverno | winter |
| a lareira | the fireplace |
| desistido de celebrar | given up on celebrating |
| o Natal | Christmas |
| pois | because |
| a véspera de Natal | Christmas Eve |
| patinar | skate |
| a velhota | old woman |
| o rapaz | boy |
| a pele | skin |
| nesse mesmo momento | at that very moment |
| afugentado | scared away |
| reluzia | shone |
| os belos padrões | beautiful patterns |
| os flocos de neve | snowflakes |
| a alegria | joy |
| enfeitadas com | decorated with |
| as velas | candles |
| o azevinho | holly |
| o visco | mistletoe |
| as canções de Natal | Christmas songs |
| estranho | strange |
| cintilavam | sparkled |
| o rosto | face |
| enrugado | wrinkled |
| em paz | in peace |
| soletrado | spelled out |
| o vidro | glass |

# Exercises

In one sentence, explain what the story is about:

_____

Choose the best summary of the story:

A      The villagers in a small mountain village stop celebrating Christmas due to past tragedies. But on Christmas Eve, the children sneak out to skate on the lake and see a strange boy who saves them from disaster and brings joy and wonder to the village, leading the villagers to celebrate Christmas again.

B      On Christmas Eve, the children sneak out to go skating on a frozen lake near their village. They see the ghost of a boy who scares them and causes the ice to crack, filling the village with fear. The villagers are too scared to ever celebrate Christmas again.

C      A small mountain village stops celebrating Christmas because the winter has claimed many lives in the past. But on Christmas Eve, the children see a strange boy who plays with them and helps them skate on the lake and brings warmth and joy to the village. They celebrate Christmas every year and the boy becomes a legend.

Now answer the following questions:

1      What did the old woman in the village tell the children to do?

_____

2      Why had the villagers given up on celebrating Christmas?

_____

3      What did the children see on the lake while they were skating?

_____

4      What happened to the streets and houses of the village after the children were saved?

_____

5      What did the villagers do after the incident on the lake?

_____

6      Who do you think "Jack" is?

_____

# Fill in the blanks:

A    Ela vivia mergulhada na tristeza, pois há muitos anos tinha perdido o seu ____ Jack no inverno.

B    Há muito tempo que os aldeões tinham _____ de celebrar o Natal, ____ o tempo frio havia ceifado demasiadas vidas no passado.

C    Certo ano, ao patinarem no lago, as crianças viram um estranho ____ no gelo.

D    E foi então que repararam que todas as ruas e casas da aldeia haviam subitamente ficado cobertas de ____.

E    A aldeia encheu-se de alegria e _____ e decidiram celebrar novamente o ____.

F    E, na ____, o gelo havia soletrado uma palavra no ____: "Jack".

Have you ever seen a ghost?
Write your answer in Portuguese:

_____

_____

_____

_____

# A Feiticeira

Krom sentou-se no grande salão do castelo do rei, a ouvir as súplicas do velho governante aos seus guerreiros para salvar o seu filho, o príncipe. O insensato jovem tinha sido novamente raptado – desta vez por uma feiticeira, que, segundo todos os relatos, era uma bela e traiçoeira bruxa.

Outra vez bêbado, sem dúvida, pensou Krom, que muitas vezes tinha servido como guarda-costas do príncipe. Aquela feiticeira provavelmente já tinha forçado o príncipe a casar com ela, para que ela pudesse reclamar o reino como seu.

"Até os meus melhores guerreiros caem no feitiço dela", disse desesperadamente o rei.

Ninguém disse uma palavra.

Krom suspirou e levantou-se, com a sua armadura a tilintar. "Eu vou", disse ele.

O rei olhou para ele. "Tens a certeza, Krom? Ela é uma forte feiticeira. Irá usar toda a sua beleza e magia para vergar a tua determinação."

"Eu vou", repetiu Krom, e saiu do salão.

Krom viajou durante dias pela floresta e sobre as montanhas, alcançado as terras das serpentes do leste, até chegar ao palácio da feiticeira. Ele aproximou-se dos portões e estes abriram-se silenciosamente.

A feiticeira encostou-se a um trono feito de cobras. Ela era belíssima. Chocantemente belíssima. O seu cabelo escuro em cascata parecia uma cachoeira sedosa, adornado com fios dourados e pedras preciosas de Baharat. Os seus olhos amendoados tinham um

impressionante tom de jade, a sua pele era de porcelana, e os seus lábios eram pétalas de sangue.

"Bem-vindo, cavaleiro", disse ela, a sua voz era mel, açafrão e cântico. "Tenho estado à tua espera".

Krom nada disse.

A Feiticeira riu-se. De repente, ela era uma donzela tranquila na encosta da montanha, atirando flores de verão para provocar o seu amante.

"Sabes que eu posso dar-te tudo o que desejares. Riqueza, poder, um reino teu".

Krom nada disse.

"Bom, então..." Ela aproximou-se subitamente dele, acariciando-lhe a barba curta, a sua respiração era como um vento cálido sobre um oceano de especiarias, o seu toque a promessa de alegria. "Achas mesmo que me consegues resistir?"

O seu corpo quente de encontro ao dele era como o abraço de um pássaro ardente no coração da selva, mais feroz do que o desejo por ouro no coração de um Khazareen, mais firme do que as concubinas de...

Krom agarrou-a bruscamente pelos cabelos, brandiu a sua espada, e a cabeça da feiticeira ecoou de forma oca ao rachar ensanguentada no chão de pedra, o rosto ainda contorcido em choque e confusão.

Krom nada disse.

Ele rapidamente encontrou o príncipe amarrado no quarto da feiticeira, com um frasco de vinho fora do seu alcance.

O príncipe olhou para cima, "Bom, já não era sem tempo".

Krom pegou no frasco, cheirou-o e bebeu vários goles profundos. Ele puxou o príncipe para cima usando a corda que lhe amarrava os pulsos.

"Não me vais desamarrar?", disse o príncipe, sorridente e atrevido.

Krom inclinou-se para dar um brusco beijo ao seu amante insensato.

"Ainda não".

# Vocabulary

| | |
|---|---|
| a feiticeira | witch |
| os guerreiros | warriors |
| insensato | foolish |
| raptado | kidnapped |
| os relatos | accounts |
| traiçoeira | treacherous |
| a bruxa | witch |
| bêbado | drunk |
| o guarda-costas | bodyguard |
| caem no feitiço dela | fall under her spell |
| tens a certeza? | are you sure? |
| vergar a tua determinação | bend your will |
| o leste | east |
| a cachoeira sedosa | silky waterfall |
| os fios dourados | golden threads |
| amendoados | almond-shaped |
| o tom de jade | jade tone |
| o cavaleiro | knight |
| o mel | honey |
| o açafrão | saffron |
| a donzela | maiden |
| as flores de verão | summer flowers |
| a riqueza | wealth |
| um reino teu | a kingdom of your own |
| o toque | touch |
| a alegria | joy |
| brandiu | brandished |
| a espada | sword |
| ecoou | echoed |
| de forma oca | hollowly |
| amarrado | tied up |
| o frasco de vinho | bottle of wine |
| fora do seu alcance | out of reach |

| já não era sem tempo! | it was about time! |
| os goles | gulps |
| puxou | pulled |
| os pulsos | wrists |
| desamarrar | untie |
| o beijo | kiss |
| brusco | rough |

# Exercises

In one sentence, explain what the story is about:

_____

Choose the best summary of the story:

A      Krom, a bodyguard, sets off to rescue the princess who has been kidnapped by an enchantress. The enchantress tries to seduce him, but he kills her and rescues the princess.

B      Krom, a powerful warrior, sets off on a journey to kill an evil enchantress. He finally reaches her palace where he defeats her and takes her head back to the king for a reward.

C      Krom, a bodyguard, goes on a journey to rescue a prince who has been kidnapped by an enchantress. He resists her attempts at seduction and kills her, rescuing the prince.

Now answer the following questions:

1      What does the king ask his warriors to do?

_____

2      What does Krom think the enchantress intends to do with the prince?

_____

3      What does the king warn Krom about the enchantress?

_____

4      Where does Krom travel to find the enchantress?

_____

5      How does the enchantress first appear to Krom?

_____

6      How is Krom able to defeat the enchantress?

_____

# Fill in the blanks:

A      O insensato jovem tinha sido novamente _____.

B      "_____", repetiu Krom, e saiu do salão.

C      A feiticeira encostou-se a um trono feito de _____.

D      "Sabes que eu posso dar-te tudo o que desejares. _____, _____, um reino teu".

E      Ele rapidamente encontrou o príncipe amarrado no quarto da feiticeira, com um _____ de _____ fora do seu alcance.

F      Krom inclinou-se para dar um brusco _____ ao seu amante insensato.

Would YOU be able to resist the enchantress?
Write your answer in Portuguese:

_____

_____

_____

_____

119

# Theron e Eruthea

Na floresta de Pholoe, onde os deuses e deusas deambulavam à solta entre os mortais, vivia uma ninfa de Artemis, a deusa da caça. O seu nome era Eruthea, uma criatura cheia de beleza, graciosidade e ferocidade. O seu longo e cacheado cabelo carmesim descia-lhe pelas costas e os seus olhos brilhavam como os céus azuis do Olimpo.

Eruthea percorria a floresta, caçando e brincando com outras ninfas, sempre sob o olhar atento de Artemis. Mas, um dia, enquanto deambulava pela floresta, ela conheceu um caçador chamado Theron. Era um homem forte e robusto, mas o seu coração era bondoso e o seu espírito era dócil. Eruthea ficou imediatamente apaixonada por ele, mas ela sabia que Artemis proibia as suas ninfas de amar os homens.

Mas o coração de Eruthea não poderia ser domado e ela começou a passar cada vez mais tempo com Theron. Encontravam-se em segredo, nas profundezas da floresta, onde caçavam e exploravam lado a lado. Mas a sua felicidade durou pouco. Artemis depressa descobriu aquele amor secreto e ficou furiosa.

"Eruthea, como pudeste trair-me? Proibi-te de amar os homens e, mesmo assim, tu desobedeceste-me", disse Artemis, numa voz cheia de raiva e deceção.

Eruthea, cheia de remorsos e medo, implorou por perdão, mas Artemis não era facilmente influenciável. Como castigo, ela transformou Eruthea num veado.

Theron, desconhecendo o que havia acontecido com Eruthea, continuou a caçar na floresta. Um dia, encontrou um veado diferente de qualquer outro que alguma vez tinha avistado. O seu pelo era carmesim e os seus olhos azuis como os céus do Olimpo. Theron perseguiu o veado e, por fim, abateu-o com flechas.

Mas, ao olhar para o corpo inanimado do veado, Theron percebeu com horror que este se estava a transformar novamente em Eruthea. Ele chorou lágrimas amargas e, enlouquecido, vagueou pela floresta sozinho.

A deusa Artemis, lamentando o duro castigo que havia imposto, colocou Theron e Eruthea entre as estrelas, onde brilhariam para sempre como as constelações de Órion e Touro, recordando aos mortais a tragédia do amor proibido.

# Vocabulary

| | |
|---|---|
| a floresta | forest |
| os mortais | mortals |
| a ninfa | nymph |
| a caça | hunt |
| carmesim | crimson |
| os céus | skies |
| o caçador | hunter |
| bondoso | kind |
| domado | tamed |
| em segredo | in secret |
| durou pouco | did not last long |
| depressa | quickly |
| mesmo assim | even so |
| como castigo | as punishment |
| o veado | deer, stag |
| as flechas | arrows |
| ao olhar para | upon looking at |
| chorou lágrimas amargas | cried bitter tears |

# Exercises

In one sentence, explain what the story is about:

_____

Choose the best summary of the story:

A      Eruthea, a nymph of Artemis, falls in love with Theron, a mortal hunter. But their love is forbidden and Eruthea is punished by being turned into a stag. Theron unknowingly kills her, and they are placed in the stars as the constellations of Orion and Taurus.

B      Theron and Eruthea are hunters who are punished by Artemis for their forbidden love by being turned into a boar and stag respectively. Artemis eventually regrets her decision and they are placed in the stars as constellations.

C      Theron and Eruthea fall in love and have a child, but their love is forbidden by Artemis and Eruthea is turned into a stag and killed by Theron. Artemis eventually returns the child to Theron, but he is overcome with grief.

Now answer the following questions:

1      Where does the story take place?

_____

2      What does Eruthea look like?

_____

3      Why does Artemis disapprove of Eruthea's love for Theron?

_____

4      What happens to Theron when he realizes that he has killed Eruthea?

_____

5      What does Artemis do to remind mortals of the tragedy of forbidden love?

_____

# Fill in the blanks:

A      Mas, um dia, enquanto deambulava pela _____, ela conheceu um _____ chamado Theron.

B      Artemis depressa descobriu aquele amor _____ e ficou furiosa.

C      "Eruthea, como pudeste trair-me? Proibi-te de amar os _____ e, mesmo assim, tu desobedeceste-me".

D      _____, ela transformou Eruthea num _____.

E      Theron perseguiu o veado e, por fim, abateu-o com _____.

F      A deusa Artemis, lamentando o duro castigo que havia imposto, colocou Theron e Eruthea entre as _____.


Have you ever done something you were told was forbidden?
Write your answer in Portuguese:

_____

_____

_____

_____

# Tal e qual como nos filmes

O homem corre pela floresta, o crucifixo prateado no seu peito brilhando sob a luz da lua cheia. Ele está a perseguir uma figura sombria, com olhos amarelos e presas brancas – ou será que é a figura que o persegue? A figura parece estar a gozar com ele. Tem orelhas de lobo e sorri com a língua de fora como um cão. Uma mulher morta jaz no chão, com sangue nos seus olhos verdes. Ele agarra na sua arma e dispara contra a figura. Dois tiros. Três tiros. Mas não são tiros... é o telefone dele a tocar.

Chaney acorda do seu sonho, tentando chegar ao telefone na sua mesa-de-cabeceira. Ele atende a chamada, o crucifixo que ele usa sempre brilha sob o sol da manhã. "Mais um". É o Landis, o seu colega. "Vou já para aí." Chaney responde, limpando o suor da sua testa.

*

Desta vez, é uma criadora de cavalos que vive nos arredores da cidade. Ela ficou desfeita. Chaney e Landis falam com a família e vão ver o corpo junto ao celeiro, onde os peritos forenses já estão a remover o cadáver. Por um momento – apenas por um momento – Chaney fita os olhos da mulher morta. Há sangue nos seus olhos verdes. Mas ele abana a cabeça e respira o ar frio. Não deve ter dormido o suficiente.

De regresso à estação, Chaney e Landis sentam-se na sala de conferências, debatendo o mais recente relatório aterrador. Tal como no mês passado, ocorreu durante uma lua cheia, e a vítima morreu com ferimentos aparentemente infligidos por um animal selvagem.

"Tal e qual como nos filmes", diz Landis, ironicamente.

Chaney tenta ignorar o olhar de Landis. "Sei o que estás a pensar", diz Chaney. "Mas não entremos por aí. Deve ser um culto ou alguém maluco com um vício".

Landis inclina-se novamente para trás na sua cadeira: "Sabes, enquanto homem religioso, não devias ser mais recetivo ao sobrenatural?"

Chaney abana a cabeça. "Acredito em Deus, talvez até no Diabo... mas lobisomens? Vamos focar-nos em encontrar o assassino, sem nos deixarmos desviar por fantasmas".

Landis encolhe como sempre os ombros, "É seguir as pistas".

"Isso se tivéssemos algumas", diz Chaney, a mexer no seu crucifixo.

\*

O whiskey de Chaney começou finalmente a fazer feito. "Tal e qual como nos filmes", murmurou ele, desligando o velho filme a preto e branco que se tinha forçado a ver. É sobre lobisomens. Raios partam os lobisomens.

Os seus olhos fecham-se e ele corre novamente pela floresta, com uma arma com balas de prata na mão. O seu crucifixo brilha sob o pálido brilho lunar. E mais uma vez, a figura negra com olhos e presas reluzentes. Desta vez, está a devorar o corpo de um homem. Chaney dispara, mas falha, e a silhueta foge. Chaney aproxima-se da vítima. A sua cara está encoberta pelo sangue. Ele continua vivo. O jovem aproxima-se do crucifixo e agarra-o, e a pele da sua palma começa a arder.

Chaney acorda de súbito. Já é de manhã e a sua mão tem um corte profundo devido ao copo de whiskey estilhaçado. O seu telefone está a tocar com outra mensagem de Landis.

＊

"Noite difícil?" pergunta Landis, apontando com a cabeça para a mão enfaixada de Chaney.

"Vamos lá tratar disto."

É um jovem, desta vez. Sobreviveu por pouco. O ataque foi interrompido, embora o homem tenha ficado com uma laceração acentuada no pescoço. Ele fora atacado ao sair embriagado de um bar e ao caminhar para casa através da floresta abaixo das colinas. Eles interrogam o homem no hospital. Ele não parece assim tão ferido, pensa Chaney. O homem não se lembra de grande coisa, mas descreve o ataque de um animal grande que lhe saltou em cima com quatro patas, mas fugiu com duas pernas. Landis olha para Chaney.

Quando estão prestes a sair, o jovem abre a sua mão e diz: "Quando acordei, tinha isto na minha mão. Não sei de onde veio". Na sua mão está um crucifixo de prata.

Chaney mete a mão dentro da sua camisa. O conhecido metal não está lá.

A sala começa a girar. O Chaney está confuso, zonzo. "Não me sinto bem", diz ele a Landis, "Vou apanhar um bocado de ar".

*

Enquanto conduz, Chaney sente-se fraco. Ele pensa ver o lobisomem do velho filme na calçada, na estrada à sua frente, no seu banco de trás. E, debaixo de toda a pele falsa de Hollywood e das presas de plástico... consegue ver a sua própria cara.

Ele está prestes a perder o controlo, quase a bater num peão. Ele tira a ligadura da mão e a ferida está totalmente cicatrizada.

Ao chegar a casa, ele agarra na sua arma, mas não está lá ninguém. Só ele.

Chaney abre o chuveiro para desanuviar a cabeça. E lá, no armário, encontra roupa manchada de sangue e um braço cortado. "Não... Não!"

Está escuro lá fora e a lua ascende. Chaney sente comichão no corpo, os seus tendões, ossos e músculos a contorcerem-se.

O seu telefone toca e consegue ouvir a voz frenética de Landis do outro lado. "Chaney, houve um acidente no hospital. Anda cá depressa!"

O telefone tomba da mão cabeluda e com garras de Chaney.

\*

A polícia cercou o hospital. Os gritos repetem-se vindos do edifício. Esguichos de sangue nas janelas. É o suficiente para Landis. Não pode permitir aquilo na sua cidade. Ele rasteja para uma das janelas, o agente regional grita-lhe no auricular. Ele olha para dentro.

Há dois grandes animais – pelo menos, parecem animais, embora um deles use as calças e a camisa rasgadas de um homem. Têm presas e olhos brilhantes. Tal como nos filmes.

As duas criaturas estão a lutar, com sangue a jorrar nas paredes da sala. E depois um deles desmaia... a sua garganta escorrega vermelho. A outra besta – mas é uma besta? Será? – vê-o através do vidro. Emite um rosnado. Olha para os olhos de Landis... e para. Uiva como um lobo. É um uivo funesto, mais chocante do que o sangue.

Landis dispara várias vezes e o animal foge.

\*

Landis vê os corpos mutilados a serem retirados. Não há besta alguma – apenas o corpo do jovem com quem haviam conversado ontem, a sua garganta rasgada, embora estranhamente – as feridas do seu ataque anterior tinham cicatrizado por completo. Landis apanha um crucifixo manchado de sangue no chão.

Ele sai para apanhar ar. Olha ao longo das colinas, para o bosque que brilha na luz esbatida da lua. Olha para o crucifixo prateado e imagina um uivar doloroso e ténue a ecoar na escuridão distante.

# Vocabulary

| | |
|---|---|
| o peito | chest |
| a lua cheia | full moon |
| as presas brancas | white fangs |
| o cão | dog |
| jaz no chão | lies on the ground |
| agarra na sua arma | grabs his weapon |
| acorda do seu sonho | wakes up from his dream |
| a mesa-de-cabeceira | nightstand |
| o suor | sweat |
| a criadora de cavalos | horse breeder |
| o celeiro | barn |
| os peritos forenses | forensic experts |
| o mês passado | last month |
| os ferimentos | wounds |
| selvagem | wild |
| não entremos por aí | let's not go there |
| maluco | crazy |
| o vício | addiction |
| abana a cabeça | nods his head |
| os lobisomens | werewolves |
| encolhe os ombros | shrugs his shoulders |
| a preto e branco | in black and white |
| as balas de prata | silver bullets |
| foge | runs away |
| começa a arder | starts to burn |
| de súbito | suddenly |
| o corte profundo | deep cut |
| estilhaçado | shattered |
| enfaixada | bandaged |
| o pescoço | neck |
| embriagado | drunk |
| as colinas | hills |
| as patas | paws |

| | |
|---|---|
| prestes a sair | about to leave |
| girar | spin |
| zonzo | dizzy |
| não me sinto bem | I don't feel well |
| fraco | weak |
| a pele falsa | fake fur |
| as presas de plástico | plastic fangs |
| cicatrizada | healed |
| só ele | just him |
| o chuveiro | shower |
| para desanuviar a cabeça | to clear his head |
| manchada de sangue | bloodstained |
| a comichão | itching |
| cabeluda | hairy |
| com garras | clawed |
| rasteja | crawls |
| o auricular | earpiece |
| pelo menos | at least |
| rasgadas | ripped |
| a garganta | throat |
| rosnado | growl |
| uiva | howls |
| o lobo | wolf |
| funesto | ominous |
| chocante | shocking |
| esbatida | faint |

# Exercises

In one sentence, explain what the story is about:

_____

## Choose the best summary of the story:

A    Chaney, a detective, is investigating a series of murders resembling wild animal attacks with his colleague Landis. He is attacked by the werewolf in his dream and wakes up to find bite marks on his neck, realizing that he too is a werewolf and must come to terms with his new identity while solving the murders.

B    A religious man, Chaney, has recurring dreams of a werewolf.  He investigates a series of murders and discovers that it is a pack of werewolves.  With his colleague, Landis, he tracks down the pack to end the killings.

C    Chaney, a detective, has recurring dreams of chasing a werewolf.  While investigating a series of murders resembling wild animal attacks with his colleague Landis, he starts to question his belief as more evidence points to supernatural causes.

# Now answer the following questions:

1       What wakes Chaney up from his first dream?

       _____

2       What is the connection between the victims and the full moon?

       _____

3       What is Chaney's opinion about the possibility of werewolves being real?

       _____

4       What does the young man say attacked him?

       _____

5       What does Chaney find in his closet?

       _____

6       What do you think happens to Chaney at the very end of the story?

       _____

# Fill in the blanks:

A     Ele atende a chamada, o _____ que ele usa sempre brilha sob o \_\_ da manhã.

B     Tal como no mês passado, ocorreu durante uma _____, e a vítima morreu com ferimentos aparentemente infligidos por um _____ selvagem.

C     "Acredito em Deus, talvez até no Diabo... mas _____?"

D     E lá, no armário, encontra roupa manchada de sangue e um \_\_\_\_\_ cortado.

E     Ele rasteja para uma das _____, o agente regional grita-lhe no auricular.

F     É um uivo _____, mais _____ do que o sangue.

Do you believe in the supernatural?
Write your answer in Portuguese:

_____

_____

_____

_____

# Uma Arca de Ossos

Em alto mar, um grupo de piratas viajava num navio chamado Jolly Buccaneer. Os piratas eram liderados pelo Capitão Black, homem rude que rapidamente se irritava. O seu número dois era um jovem e imprudente chamado Flint. O cozinheiro do navio chamava-se Gray, um velho nervoso e supersticioso.

Há meses que navegavam pelos mares à procura de tesouros, mas nada tinham encontrado a não ser infinitos oceanos, enormes monstros marinhos e sereias. Tinham poucos mantimentos e o moral da tripulação estava em baixo.

Todavia, tinham ouvido rumores de uma ilha repleta de riquezas e estavam decididos a encontrá-la. Numa noite tempestuosa, enquanto navegavam pelos mares agitados, Black gritou ordens à tripulação. "Mantenham-se atentos a essa ilha, homens! Estamos a aproximar-nos!". Ele queria encontrar o tesouro e melhorar o ânimo da sua tripulação.

Flint, o número dois no comando, desejava encontrar o tesouro. "Capitão Black, deixe-me liderar o esquadrão de reconhecimento! Vou encontrar o tesouro num instante", exclamou. Ele era conhecido por ser o mais destemido e hábil entre a tripulação e Black sabia que podia contar com ele.

Mas Gray, cozinheiro do navio, não tinha tantas certezas assim. "Não me parece bem, Capitão. Dizem que esta ilha está amaldiçoada. É melhor voltarmos agora antes que seja tarde demais", disse ele, contorcendo nervosamente as suas mãos. Ele já andava no mar há muitos anos e tinha ouvido histórias de ilhas amaldiçoadas e fantasmas de piratas mortos.

Black troçou das superstições de Gray. "Que disparate! Nós somos piratas, Gray. Nós não tememos nada.

Vamos encontrar esse tal tesouro e ganhar a nossa fortuna", disse. Ele não queria desiludir a sua tripulação e sabia que encontrar um tesouro iria melhorar o moral dos homens.

Ao aproximarem-se da ilha, os ventos tornaram-se mais fortes e os mares mais agitados. Os piratas conseguiam ver a ilha à distância, envolta em névoa e escuridão. Ancoraram o navio e partiram à procura do tesouro.

A ilha estava encoberta pela selva e os piratas tiveram de abrir caminho pela espessa vegetação. A selva era compacta e densa, com vinhas torcidas e árvores nodosas que pareciam esticar-se para agarrar os piratas à medida que eles avançavam. O ar era denso e nebuloso, onde o único som provinha do murmúrio das folhas e do berro ocasional de um pássaro. Os piratas sentiam-se observados e não conseguiam livrar-se da sensação de haver mais gente na ilha. Enquanto procuravam o tesouro, parecia-lhes haver figuras fantasmagóricas entre as árvores, vigiando-os com olhos vazios. Os piratas sentiam-se ansiosos, olhando constantemente por cima do ombro, esperando serem emboscados pelos fantasmas dos piratas mortos.

À medida que penetravam na ilha, o esquadrão de reconhecimento deparou-se com uma clareira na selva. No centro da clareira encontraram uma grande estrutura rochosa com a forma de um antigo templo. Flint sugeriu procurarem o tesouro no templo e os outros piratas concordaram de forma relutante.

No interior do templo, encontraram vários corredores retorcidos e desintegrados em pedra, que conduziam a uma câmara no fundo da estrutura. A câmara era escura e bafienta mas, quando chegaram ao centro, repararam num brilho metálico sob uma ténue luz. Flint, que liderava o grupo de reconhecimento, subitamente gritou: "Encontrei algo! É uma arca! Deve estar cheia de ouro e joias!". Flint correu em frente e, para seu espanto, encontrou uma arca em ouro maciço. Estava incrustada com pedras preciosas e entalhes intricados. Mas a arca estava fechada com um grande cadeado e a chave havia desaparecido.

Os piratas procuraram na câmara e encontraram uma chave antiga escondida atrás de uma pedra solta. Festejaram e correram para verem o tesouro. Mas, quando abriram a arca, tiveram uma visão arrepiante. A arca estava cheia de ossos!

Subitamente, ouviram lamentos fantasmagóricos e terríveis à sua volta. Souberam então que a ilha estava assombrada pelos fantasmas dos piratas que haviam morrido à procura do tesouro!

Os piratas ficaram aterrorizados e correram novamente para o navio o mais rápido que conseguiram. Black, Flint e Gray foram os últimos a abandonar a ilha. Ao chegarem ao navio, viram os fantasmas dos piratas mortos a sair da selva, com os olhos cravados neles. "Temos de sair já desta ilha!", gritou Black.

"Mas e o tesouro?", perguntou Flint.

"Esquece o tesouro, Flint! As nossas vidas valem mais do que qualquer tesouro!", disse Black.

Os piratas partiram e deixaram a ilha para trás, para nunca mais regressarem. Apesar de não terem encontrado o tesouro que procuravam, estavam gratos por terem sobrevivido. Perceberam que, embora o tesouro fosse importante, queriam estar vivos para desfrutar dele! Os piratas prosseguiram juntos a sua viagem em alto mar, vivendo muitas mais aventuras, mas sem nunca esquecerem a ilha sinistra e a arca de ossos que lá encontraram.

# Vocabulary

| | |
|---|---|
| a arca | chest |
| os ossos | bones |
| chamado | called |
| liderados pelo | led by |
| o cozinheiro | cook |
| as sereias | mermaids |
| os mantimentos | provisions |
| a tripulação | crew |
| repleta de | filled with |
| o ânimo | spirit |
| esquadrão de reconhecimento | search party |
| destemido | fearless |
| hábil | skilled |
| amaldiçoada | cursed |
| contorcendo as suas mãos | wringing his hands |
| envolta em névoa | shrouded in mist |
| ancoraram | anchored |
| encoberta pela selva | hidden by the jungle |
| abrir caminho | clear a path |
| espessa | thick |
| as vinhas | vines |
| nodosas | gnarled |
| o ar | air |
| o som | sound |
| as folhas | leaves |
| o berro | roar |
| o pássaro | bird |
| vazios | empty |
| ansiosos | anxious |
| a clareira | clearing |
| rochosa | rocky |
| de forma relutante | reluctantly |
| retorcidos | twisted |

| | |
|---|---|
| bafienta | humid |
| cheia de | full of |
| para seu espanto | to his amazement |
| o ouro maciço | solid gold |
| os entalhes intricados | intricate carvings |
| fechada | closed |
| cadeado | locked |
| festejaram | celebrated |
| a visão arrepiante | chilling sight |
| assombrada | haunted |
| apesar de | despite |

# Exercises

In one sentence, explain what the story is about:

_____

Choose the best summary of the story:

A    A group of pirates on the Jolly Buccaneer discover a treasure island but instead of riches, they find only the ghostly apparitions of dead pirates who force them to stay on the island.

B    A group of pirates on the Jolly Buccaneer find a treasure chest filled with gold and jewels, but are forced to abandon it due to a curse on the island.

C    A group of pirates on the Jolly Buccaneer, led by a surly captain, search for treasure on a cursed island but only find a chest filled with bones and are haunted by ghostly apparitions.

# Now answer the following questions:

1     What is the name of the pirate ship in the story?

      _____

2     Who is the captain of the pirate ship and what is his character like?

      _____

3     What was the crew running low on while they were searching for treasure?

      _____

4     Who suggested they search the temple on the island for treasure?

      _____

5     What was inside the chest that the pirates found in the temple?

      _____

6     Why did the pirates run away?

      _____

Fill in the blanks:

A      O cozinheiro do navio chamava-se Gray, um velho nervoso e _____.

B      Ele era _____ por ser o mais destemido e \_\_\_\_ entre a tripulação.

C      A ilha estava encoberta pela selva e os piratas tiveram de _____ pela espessa vegetação.

D      "Encontrei algo! É uma arca! Deve estar cheia de ouro e \_\_\_\_!"

E      A arca estava cheia de \_\_\_\_!

F      "As nossas vidas \_\_\_\_\_ mais do que qualquer tesouro!"


Have you ever found treasure, in any sense of the word?
Write your answer in Portuguese:

_____

_____

_____

# ANSWERS

# A Dragão-Fêmea Solitária

A lonely dragon kidnaps a princess and finds a best friend and a happy ending.

The best summary of the story is **A**.

1    The dragon in the story was sad because she was lonely and had no one to play with.

2    The knight thought the princess was just a silly girl and didn't take his duties seriously.

3    The princess was scared and didn't understand why the dragon had taken her when she was first kidnapped.

4    The princess and the dragon became friends over the next several days, by spending time together and having fun flying, exploring and breathing fire.

5    The people in the kingdom thought the dragon's fire breath was magical and were amazed by the sight, as it looked like fireworks in the sky.

6    The knight learned that the princess was brave and capable, and also that he had misjudged the dragon, and that even dragons needed friends sometimes.

A    morcegos – ratos      D    magia
B    cavaleiro             E    amigos
C    ouvido                F    fogo-de-artifício

# Não alimentem o troll!

A family turn to a wizard for help in dealing with a troll.

The best summary of the story is **C**.

1      The name of the little girl in the story is not given.

2      The first strange occurrence that the mother noticed was that all the cups and plates in the cupboard were in the wrong place.

3      The family turned to the local wizard for help.

4      The wizard advised the family to not feed the troll and to ignore its antics, and it will eventually grow weaker and disappear.

5      The family was grateful to the wizard and gave him a bag of gold coins as thanks.

6      It is revealed in the last sentence of the story that the wizard and the troll were working together, as they were counting the gold together gleefully.

| | | | |
|---|---|---|---|
| A | estranhas | D | alimentem – feiticeiro |
| B | imaginação | E | brincadeiras |
| C | situações | F | moedas |

# Apenas Doces

Jacob and Wilma find a gingerbread house, but soon find out it's not wise to eat a witch's home.

The best summary of the story is **A**.

1    Jacob and Wilma were known in the village for their mischievous ways, for playing pranks on their neighbors and for their love for sweets.

2    Jacob and Wilma thought it was a dream come true, a gingerbread house for them to eat.

3    The gingerbread house belonged to a witch.

4    When she saw Jacob and Wilma in her gingerbread house, the witch was horrified, as her beautiful gingerbread cottage was in ruins and Jacob and Wilma were stuffing their faces with her treats.

5    The spell turned Jacob into a gingerbread man and Wilma into a cupcake.

6    Of course she was. The nasty little brats ate her beautiful home.

A    conhecidas – doces    D    bruxa
B    cheiro – chaminé      E    feitiço – bolo
C    comer                 F    vistos – ouvidos

# Os Três Desejos do Mercador

A lost merchant finds a genie in a bottle who grants him three wishes.

The best summary of the story is **B**.

1    The old merchant found a genie bottle in the desert.

2    The merchant wished for a banquet of luxury food and drink.

3    The merchant felt something was missing after his second wish was granted, thinking "What use is treasure without someone to share it with?"

4    The merchant wished to be married to the most beautiful woman in the world as his third and final wish.

5    The merchant realized that they were still alone and lost in the desert after his third wish was granted.

6    The moral of the story could be that you should not be so focused on your desires that you forget the bigger picture.

| | | | |
|---|---|---|---|
| A | deserto – sozinho | D | ouro – joias |
| B | servo | E | serve – partilhar |
| C | banquete | F | desaparecido |

# Sangue na Areia

A fisherman and a mermaid fall in love, but they struggle to be together.

The best summary of the story is **B**.

1      Safino meets Bahara while he is struggling to stay afloat in a storm on his fishing boat. Bahara saves him from the storm.

2      Bahara's eyes are described as being as green as the sea.

3      Bahara takes Safino to the safety of an island after the storm.

4      Safino speaks to a wise old pirate in a tavern at the edge of the Ocean of Spice.

5      Safino is sitting on a beach on the island when he becomes a merman.

6      Yes, Safino and Bahara are able to be together in the end. The Queen of the Sea gives her blessing and they are married in a grand ceremony in the underwater kingdom.

| | | | |
|---|---|---|---|
| A | azuis – barco | D | ansioso |
| B | verdes | E | magia – tritão |
| C | Rainha do Mar | F | mar – seres |

# A Esposa do Gigante

A woman seduces a giant in order to steal his treasure, but gets more than she bargained for.

The best summary of the story is **A**.

1      The giant's treasure is a vast amount of gold.

2      Polina wins the giant's heart by smiling and fluttering her eyelashes when she meets him.

3      Polina tries to get her hands on the giant's treasure by sneaking out of the room when her giant husband is asleep and searching for the treasure. She takes small amounts of gold each time and hides it under the marriage bed.

4      The story ends with the giant accidentally crushing Polina when he steps on her when he gets out of bed.

5      The moral of the story is given in the story itself: that you should never marry for money.

| | | | |
|---|---|---|---|
| A | gananciosa | D | quantidades |
| B | ouro – gigante | E | punhado |
| C | medo | F | dinheiro |

# A Princesa da Pérsia

A servant, Amira, seeks the help of a magician to get revenge on her mistress and marry a prince.

The best summary of the story is **C**.

1   The princess is the caliph's daughter.

2   The princess treats Amira very poorly, often beating her for the slightest mistakes.

3   The magician gives Amira a strange egg, and tells her if she cracks it and throws it into the fire while repeating the words "Roc! Roc!" her troubles will disappear.

4   The prince is under a spell cast by the magician.

5   The prince is overwhelmed with Amira's charm and wit and is surprised that she is unlike the veiled woman he thought he was marrying.

6   Amira keeps all the eggs, presumably so she can remove her enemies in the future, including the prince, should he ever be unfaithful.


A   vaidosa – mimada      D   preço
B   penteava             E   mágico
C   roupas               F   restantes

# O Sapo que sonhava em ser um Príncipe

A toad gets his wish to become a prince, but he finds that being a prince comes with its own problems.

The best summary of the story is **A**.

1      The toad lived in a swamp beyond the edge of the wood, in a deep pond filled with lily pads and bugs.

2      The Green Fairy of the swamp decided to change the toad into a prince.

3      The princess and the toad met when the princess accidentally dropped her ball into the toad's pond.

4      The condition was that the princess had to give him a kiss.

5      The prince felt uncomfortable and dismayed at the wedding because he was not used to wearing fine clothes, using a knife and fork, eating rich food, and dancing.

6      This answer is up to you! Some might think that the toad gave up too easily, while others might think that the toad was right to return to his pond.

| | | | |
|---|---|---|---|
| A | escamoso – bulbosos | D | almofada de lírios |
| B | bola – em troca | E | insetos |
| C | verde – lago | F | felizes |

# A Rainha Branca

Three explorers attempt to steal the treasure of the mythic White Queen, but a fierce warrior stands in their way.

The best summary of the story is **C**.

1     The goal of the three explorers is to find the treasure of the White Queen.

2     Schelvis reacts harshly and impatiently when Snee asks to rest. He tells him to be quiet.

3     Zonnebloem believes that the White Queen is a subspecies of mountain gorilla and a mutant of immense size, and that her albinism is a further mutation that contributes to her mythic status among the natives.

4     Mkali is outraged that the outsiders are desecrating the sacred site of the White Queen. Her motivation for attacking the explorers is to protect the sacred site.

5     Mkali feigns weakness and seduces Snee into letting her out of the cage. As he comes closer, she knocks him unconscious and steals his keys.

| | | | |
|---|---|---|---|
| A | nariz – roubado | D | Obrigada |
| B | montanha | E | fitar |
| C | plano | F | gritar – libertou |

# Uma Chávena de Café

Delia confronts her husband in a coffeeshop after discovering he was having an affair, with tragic results.

The best summary of the story is **A**.

1    The story takes place in a coffee shop.

2    Sam is Delia's husband.  He is the person that Delia is confronting about the affair.

3    The significance of Delia remembering the coffee shop as the place where Sam took her on their first date is that it highlights the history and memories they shared, and it makes the betrayal of the affair even more painful for her.

4    Delia is tapping her foot nervously because she is waiting for her husband, who is late, and she is about to confront him about an affair.

5    It is unclear from the story if Delia regretted her decision to serve her husband poisoned coffee.  However, the story ends with Delia's satisfaction as Sam collapses, and she is even smiling and looking forward to cup of coffee at the police station.

| | | | |
|---|---|---|---|
| A | quente – ar | D | casamento |
| B | porta | E | hesitou – golo |
| C | sei | F | esquadra da polícia |

# O Príncipe Gelo

A ghostly figure saves a group of children who are skating on a frozen lake, and in doing so saves the whole village.

The best summary of the story is **A**.

1   The old woman in the village shouted at the children to go home and sit warm and safe by the fire.

2   The villagers had given up on celebrating Christmas because winter had claimed too many lives in the past.

3   The children saw a strange boy on the lake.

4   After the children were saved, the streets and houses of the village were covered in frost that sparkled and glittered in beautiful snowflake patterns.

5   The village was filled with joy and wonder and they decided to celebrate Christmas again.

6   Jack is probably the old woman's son who died many years ago.

| | | | |
|---|---|---|---|
| A | filho | D | gelo |
| B | desistido – pois | E | deslumbramento – Natal |
| C | rapaz | F | janela – vidro |

# A Feiticeira

A warrior confronts a seductive enchantress in order to rescue the king's son.

The best summary of the story is **C**.

1   The king asks his warriors to rescue his son, the prince, who has been kidnapped by an enchantress.

2   Krom thinks the enchantress kidnapped the prince to force him to marry her and so claim the kingdom as her own.

3   The king warns Krom that the enchantress is a powerful sorceress who will use her beauty and magic to bend Krom's will.

4   Krom travels through a forest, over mountains and to the serpent lands of the east to reach the palace of the enchantress.

5   The enchantress is reclining on a throne made of snakes and is described as beautiful, with dark hair, striking jade eyes, porcelain skin and lips like petals of blood.

6   Krom is immune to her magical seduction because he is in love with the prince.

| | | | | |
|---|---|---|---|---|
| A | raptado | D | Riqueza – poder |
| B | Eu vou | E | frasco – vinho |
| C | cobras | F | beijo |

# Theron e Eruthea

A nymph and a hunter fall in love, but the nymph is punished by her goddess.

The best summary of the story is **A**.

1       The story takes place in the forest of Pholoe.

2       Eruthea is described as having long crimson hair that cascades down her back and eyes that shimmer like the blue skies above Olympus.

3       Artemis disapproves of Eruthea's love for Theron because she forbids her nymphs from loving men.

4       When Theron realizes that he has killed Eruthea, he is overcome with horror and grief and roams the forest alone in madness.

5       Artemis places Theron and Eruthea among the stars as the constellations of Orion and Taurus to remind mortals of the tragedy of forbidden love.

A       floresta – caçador       D       como castigo – veado
B       secreto                  E       flechas
C       homens                   F       estrelas

# Tal e qual como nos filmes

A troubled detective investigates a series of murders that seem to be committed by a werewolf.

The best summary of the story is **C**.

1       Chaney is woken up by his phone ringing.

2       The victims were all attacked during the full moon.

3       Although Chaney believes in God and maybe even the devil, he does not believe werewolves could be real.

4       The young man does not remember much, except that he was attacked by some kind of large animal that leapt at him on all fours but ran away on two legs.

5       Chaney finds bloodied clothes and a severed arm.

6       At the very end of the story, Landis hears a howl in the distance, suggesting that Chaney survived the fight with the other werewolf and escaped into the hills and forests.

| A | crucifixo – sol | D | braço |
| B | lua cheia – animal | E | janelas |
| C | lobisomens | F | funesto – chocante |

# Uma Arca de Ossos

A group of pirates are searching for treasure on a haunted island.

The best summary of the story is **C**.

1    The name of the pirate ship in the story is the Jolly Buccaneer.

2    The captain of the pirate ship is named Black.  He is described as a surly man who is quick to anger.

3    While they were searching for treasure, the crew was running low on supplies.

4    The second-in-command, Flint, suggested they search the temple on the island for treasure.

5    Inside the chest that the pirates found in the temple, there were bones.

6    The pirates ran away because the island was haunted by the ghosts of the pirates who had died searching for treasure.

| | | | |
|---|---|---|---|
| A | supersticioso | D | joias |
| B | conhecido – hábil | E | ossos |
| C | abrir caminho | F | valem |

# Notes

Made in the USA
Las Vegas, NV
16 December 2023

82901169R00105